Helga und Hans E. Laux

Köstliches aus der Naturküche

Kosmos

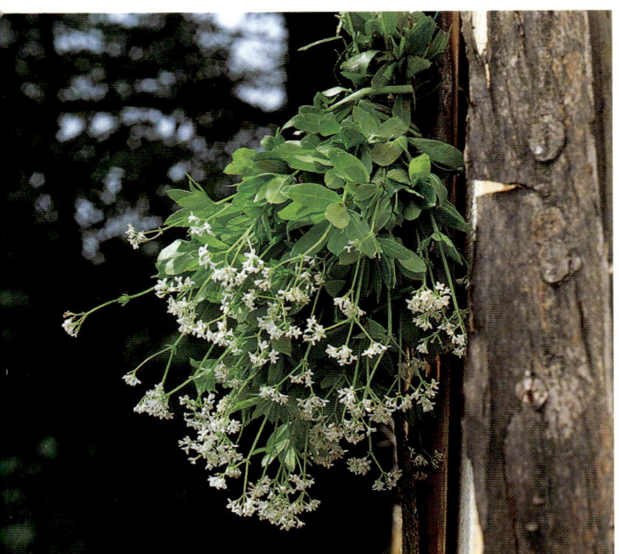

Waldmeister entfaltet sein volles Aroma erst, wenn er einige Stunden trocknet.

Aus Löwenzahnblüten kann man ganz leicht Honig und Gelee bereiten.

Inhalt

Brennesselsuppe schmeckt im Frühjahr am besten.

Schlehen und Löwenzahn stehen in voller Blüte.

Ernte von Löwenzahnblüten

Sammeln – aber richtig

Angebote zum Nulltarif

Wildkräuter und -früchte zu sammeln ist nicht schwer. Da heißt es nur: gewußt wie und gewußt wo.

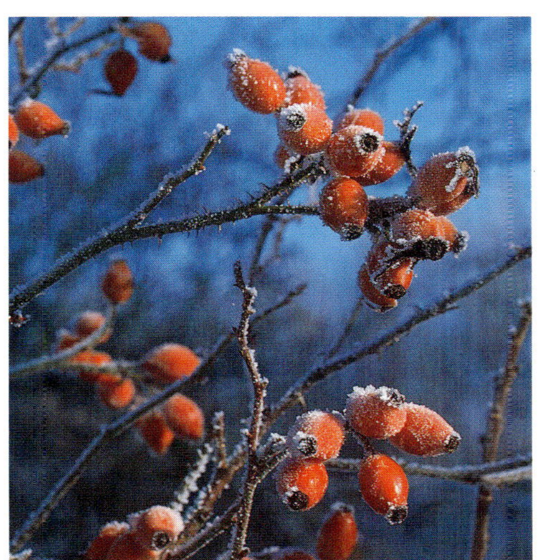

Hagebutten – noch im Winter am Strauch

Das Sammeln hat sich gelohnt.

Das Sammeln von wildwachsenden Kräutern und Beeren in freier Natur lohnt sich gleich in mehrfacher Hinsicht: Wildkräuter und -beeren sind nicht nur gesund – sie enthalten z.B. viele Vitamine –, sie schmekken auch sehr gut, oft sogar viel besser als das entsprechende im Handel erhältliche Obst und Gemüse. Walderdbeeren etwa sind viel aromatischer als „normale“ Erdbeeren. Gleichzeitig bereichern selbstgesammelte Wildkräuter und -beeren auch unseren Speiseplan. Viele von ihnen kann man nämlich im Lebensmittelgeschäft oder auf dem Wochenmarkt nicht kaufen, z.B. Guten Heinrich oder Spitzwegerich.

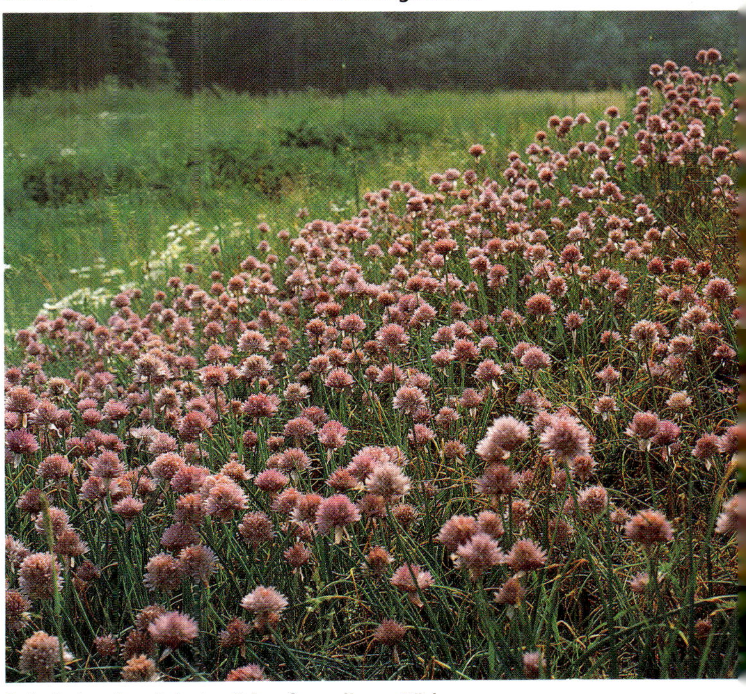

Schnittlauch wächst wild auf sandigen Böden.

Darüber hinaus bereitet das Sammeln von Wildpflanzen viel Vergnügen - vor allem dann, wenn man findet, was man sucht. Ob am schattigen Waldrand oder auf einer sonnigen Wiese - beim Sammeln kann man die Natur mit allen Sinnen spüren und erleben. Und was man mit seiner eigenen Hände Arbeit geerntet hat, schmeckt besonders gut.
Außerdem kann man sicher sein, daß Kräuter und Früchte an sauberen Standorten von Schadstoffen wenig belastet sind. Und: Sie kosten nicht einmal etwas.
Viele der Wildpflanzen sind übrigens auch für Gesundheit und Wohlbefinden von großem Nutzen.

Naturbelassene Heide: Hier macht Sammeln Spaß.

PFLANZEN SICHER KENNEN

Wer wildwachsende Kräuter und Früchte sammelt, um sie anschließend zu verzehren, sollte unbedingt die damit verbundenen Gefahren kennen. Deshalb eine wichtige Grundregel vorweg: Sammeln Sie immer nur Wildkräuter und -früchte, die Sie ganz genau kennen! Denn giftige Arten sehen eßbaren oft zum Verwechseln ähnlich. Unbekannte und nicht mit Sicherheit zu bestimmende Arten sollte man schon beim geringsten Zweifel stehenlassen. In solchen Fällen kann man auch einen Fachmann zu Rate ziehen.
Durch die Teilnahme an Kräuterführungen oder Seminaren und den Besuch von Vorträgen kann man seine Kenntnisse im Laufe der Zeit erweitern - ebenso durch die Lektüre von Bestimmungsbüchern.
Auch oder gerade Kindern macht es großen Spaß, durch die Natur zu streifen und dort die Zutaten etwa für einen Wildkräutersalat oder einen Brombeerkuchen selber zu sammeln. Man kann sie gar nicht früh genug zu den Sammeltouren mitnehmen und mit den Pflanzen vertraut machen, sie allerdings auch auf die Gefahren hinweisen.

MIT KORB UND SCHERE

Große Anforderungen an die Ausrüstung zum Kräuter- und Beerensammeln bestehen nicht. Ziehen Sie unempfindliche Kleidung und festes Schuhwerk an. Darüber hinaus benötigen Sie lediglich einen Korb – er soll luftdurchlässig sein – oder einen Eimer sowie ein scharfes Messer oder eine Schere.

TIP: Brennessel, Brombeere, Heckenrose und Sanddorn zeigen sich wehrhaft. Dicke Gartenhandschuhe sind hier als Schutz für die Hände angebracht.

Bei der Ernte soll immer behutsam und rücksichtsvoll vorgegangen werden. Die Wildkräuter reißt man keinesfalls mitsamt den Wurzeln aus der Erde heraus; vielmehr schneidet man Triebe, Blätter und Blüten mit dem Messer oder der Schere ab. Nur so wachsen die Pflanzen wieder nach und sichern den Fortbestand der Art. Ausgraben führt zum Verlust der Pflanzen und bedarf einer Genehmigung.
In diesem Buch werden nur Wurzeln und Zwiebeln jener Arten empfohlen, die in der Natur häufig vorkommen – also nicht in ihrem Bestand gefährdet sind.
Man gräbt die Wurzeln größerer Exemplare nach Regenwetter aus, wenn der Boden noch feucht ist. Jungpflanzen bleiben stehen.
Am besten ist es, diese Wildpflanzen im eigenen Garten anzusiedeln. Dort können sie sich dann durch Ausläufer oder Samen weiter vermehren.
Auch wenn massenhaftes Angebot lockt, sollte man nur den Eigenbedarf dekken und nur so viel mit nach Hause nehmen, wie man verwerten kann. Man sollte beim Sammeln immer darauf achten, die Pflanzen eines Standortes nicht regelrecht auszurotten. Schließlich ist auch zu bedenken, daß Wildfrüchte eine wichtige Nahrungsgrundlage für Kleinsäuger und Vögel sind. Schon um derentwillen sammelt man nicht alles ab. Um die Früchte an hochgewachsenen Sträuchern wie etwa Schwarzem Holunder, Weißdorn und Heckenrose

Brennesseln wachsen fast überall.

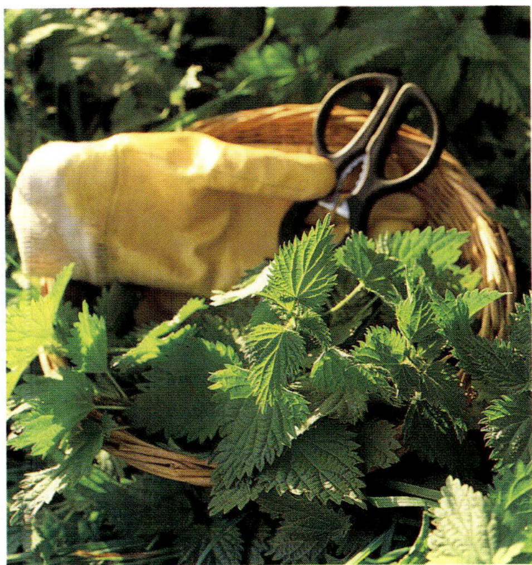

Ernte mit Handschuhen und Schere

In einem luftigen Korb bleiben die gesammelten Wildkräuter frisch.

zu pflücken, benutzt man eine Leiter. Damit reicht man leichter an die Früchte heran und vermeidet das Abbrechen ganzer Äste, denn das schadet den Sträuchern.

Himbeeren transportiert man gut in Plastikschüsseln.

Der Transport

Die gesammelten Wildkräuter legt man locker in den mitgebrachten Korb oder feste Jutebeutel. Als Behältnis für Wildfrüchte nimmt man Kannen oder Eimer. Plastiktüten sind ungeeignet, weil Kräuter und Früchte darin schwitzen, leicht schimmeln und dann schnell verderben.

ALLES ZU SEINER ZEIT

Die Sammelzeit für Wildkräuter ist stark vom Wetter abhängig und variiert von Jahr zu Jahr geringfügig. Machen Sie sich Aufzeichnungen, wann und wo die Kräuter austreiben – wann Sie etwa die ersten Bärlauchblätter und Brennesseln gefunden haben – und zu welchem Zeitpunkt Walderdbeeren, Himbeeren und andere Arten reifen. Damit ersparen Sie sich im nächsten Jahr enttäuschende Suchaktionen.

Morgenstund' ...

... hat nicht immer Gold im Mund. In der Frühe sind die Pflanzen vom Tau noch feucht und sollten in diesem Zustand nicht gesammelt werden. Das gilt besonders für Blüten und Blätter, die zum Trocknen bestimmt sind. Erst wenn im Laufe des Vormittags die Feuchtigkeit verdunstet ist, die Pflanzen aber noch

nicht unter der Mittagshitze leiden, kann die Ernte beginnen. Das gilt auch für Beeren. Feuchte Beeren kleben aneinander und werden unansehnlich.

Reif für die Ernte

Kurz vor der Blütezeit haben Wildkräuter den höchsten Wirkstoffgehalt; sie schmecken dann am besten. Wildfrüchte sammelt man in ausgereiftem Zustand. Sie sollen zu Hause schnell verarbeitet werden, damit sie möglichst ihr volles Aroma behalten.
Wildfrüchte schmecken intensiver als Marktobst. Das wird bekanntlich unter Einsatz von Chemie angebaut und noch vor der Vollreife geerntet, damit es nicht schon auf dem Transport verdirbt. Zudem verliert Marktobst während der Lagerung viel Vitamin C.
Beim Sammeln bleiben alte, angeschimmelte oder von Ungeziefer befallene Kräuter und Früchte unangetastet. Blüten sollten nicht schon verwelkt oder verfärbt sein.

WO DIE NATUR NOCH SAUBER IST

Leider ist unsere Umwelt vielerorts stark belastet. Industrie, Verkehr und selbst Freizeitaktivitäten tragen ihren Teil zur allgemeinen Umweltverschmutzung bei. Sammeln Sie daher nur an sauberen und staubfreien Plätzen abseits von Straßen und dem Einzugsbereich von Industrieanlagen. Vorsicht ist auch auf landwirtschaftlich genutzten Flächen geboten. Sie sind oft mit Insektiziden und Pestiziden besprüht. Hinzu kommt häufig eine intensive Düngung mit organischem und mineralischem Dünger.
Mit etwas Erfahrung erkennt man bald naturbelassene Bachläufe, Hecken, Waldränder, Auen und Heiden, die kaum belastet sind und wo man unbedenklich sammeln kann. Auf privatem Grund und Boden sollte man zuvor das Einverständnis des Besitzers einholen. Bei freundlicher Anfrage wird er in der Regel nichts dagegen haben.
In Naturschutzgebieten ist jede Entnahme von Pflanzen grundsätzlich verboten. Auch unter Schutz gestellte Arten dürfen nicht gepflückt werden. Geschützte Arten wurden in dieses Buch nicht aufgenommen.

Die Hagebutten der Heckenrose reifen ab September. Innerhalb kurzer Zeit hat man eine große Menge gesammelt.

GESUND MIT KRÄUTERN UND FRÜCHTEN

Auch unsere Großeltern ernährten sich - nach guter, alter Tradition - von Wildkräutern und -früchten. Entsprechend dem jahreszeitlichen Angebot der Natur sorgten sie so für eine abwechslungsreiche und ausgewogene Ernährung. Die Hausrezepte hatten ihnen schon ihre eigenen Eltern überliefert.
Heute ernähren wir uns sehr bewußt und wissen, daß pflanzliche Inhaltsstoffe, z.B. Faser- und Ballaststoffe, Vitamine, Mineralstoffe und Spurenelemente sowie ätherische Öle, für eine gesunde Ernährung wichtig sind. Pflanzen enthalten auch essentielle, d.h. lebensnotwendige, Fettsäuren. Unser Körper kann sie nicht selber herstellen, deshalb müssen wir sie mit der Nahrung zu uns nehmen.

FIT INS FRÜHJAHR

Das Frühjahr ist die ideale Zeit für eine entschlackende Kur mit frischen Salaten, Kräutersäften, Milchmixgetränken und Tees. Zu diesem Zeitpunkt ist der Wirkstoffgehalt der Kräuter am höchsten. In der Regel sind es wassertreibende Substanzen, die die Harnausscheidung anregen und damit gleichzeitig Schlackstoffe ausschwemmen. Im Volksmund bezeichnet man diese Kur auch als „Blutreinigungskur".
Wie intensiv gekurt wird und ob eventuell zuvor eine Fastenwoche eingelegt wird, ist eine persönliche Frage und von Fall zu Fall auch mit dem Arzt abzustimmen. Viele Menschen stellen im Frühjahr ihre Ernährungsweise von Grund auf um; andere beschränken sich darauf, ihre Nahrung mit Wildkräutersalaten, Gemüse und Obst zu ergänzen.

Im Herbst ist das Angebot an Früchten groß.

TIP: So eine Frühjahrskur hilft auch dabei, überflüssige Pfunde abzubauen.

Nehmen Sie in dieser Zeit viel Flüssigkeit zu sich, z.B. ein Glas selbstzubereiteten Wildkräutersaft. Sorgen Sie gleichzeitig für viel Bewegung. Alle diese Maßnahmen haben eine günstige Wirkung auf das Allgemeinbefinden. So kommen Sie wieder richtig in Schwung!

ANBAU IM EIGENEN KRÄUTERGARTEN

Eine Kräuterecke in der Nähe der Küche mit einigen ausgewählten Gewürz- und Wildpflanzen war schon bei unseren Vorfahren eine Selbstverständlichkeit. Je mehr unser modernes Leben vom Konsumverhalten geprägt wird, desto stärker wächst wieder das Bedürfnis nach natürlicher Lebensweise, naturbelassener Kost und gesunden Kräutern und Früchten. Um den täglichen Bedarf an Wildkräutern, z.B. Schnittlauch, Bärlauch oder Feldsalat, zu decken, benötigt man keinen großen Garten. Man kann Wildkräuter auch in einem kleinen Beet oder auf dem Balkon ziehen.
Das Anpflanzen von Wildkräutern im Garten bereitet kaum Schwierigkeiten und auch nicht viel Arbeit. Vor allem Kräuter, die in der Natur nur selten wild wachsen oder schwer zu finden sind, sollten hier ihren festen Platz haben. Ein Kräutergärtchen muß nicht zwangsläufig langweilig aussehen, wie vielfach angenommen wird. Gänseblümchen und Löwenzahn etwa setzen farbliche Akzente, verschiedene Wuchsformen bringen Abwechslung hinein.
Pflanzen wie z.B. Waldmeister sind in gut sortierten Gärtnereien und Gartencentern erhältlich. Bekanntere Arten wie z.B. Schnittlauch gibt es auf jedem Wochenmarkt. Die Rasenfläche beim Haus verwandelt sich – überläßt man sie sich selbst – bald in eine bunte Blumenwiese. Neben Gänseblümchen finden sich hier auch Weißklee, Ehrenpreis, Günsel, Veilchen und Schlüsselblumen ein und geben ein reizvolles Bild, viel schöner als ein gepflegter englischer Rasen.

TIP: Achten Sie bei der Anlage Ihres Kräutergärtchens darauf, daß manche Wildpflanzen sehr wuchskräftig sind und sich stark ausbreiten. Dazu gehören etwa Bärlauch, Waldmeister und Spitzwegerich.

Wer in seinem Garten viel Platz hat, sollte sich dort eine Hecke aus Wildsträuchern „leisten". Schwarzer Holunder, Brombeere, Heckenrose, Schlehe, Weißdorn, Sanddorn und Kornelkirsche erfreuen uns im Frühling mit ihren Blüten und im Herbst mit vielen Früchten und buntem Laub. Wildsträucherhecken bieten zudem zahlreichen Kleinsäugern, Vögeln und Insekten Lebensraum, der in unserer Kulturlandschaft vielerorts zerstört wurde.

Schlehdornfrüchte brauchen vor der Ernte Frost.

Viele Baumschulen und andere Fachbetriebe führen heute wieder heimische Bäume und Wildsträucher in ihrem Sortiment.
So ein Kräutergärtchen oder eine Wildsträucherhecke machen viel Spaß. Und als Dank für die Mühe haben Sie immer die Gewißheit, daß Kräuter und Früchte unbelastet sind. Herbizide und Insektizide gehören nicht in den Kräutergarten. Düngergaben zur Erzielung hoher Erträge sind nicht nötig. Es reicht, im Herbst Kompost zu verteilen. Er bietet den Pflanzen genügend Nährstoffe. Darüber hinaus haben Sie die frischen Kräuter und Früchte gleich griffbereit und können sie zum optimalen Zeitpunkt ernten.

Ein Gartenhäuschen ist der richtige Platz, um Wildkräuter zu trocknen.

Holundermilch – aus frischen Blüten

Mal etwas anderes: Spitzwegerichsalat

Selbstgemacht schmeckt es am besten

Wildkräuter und -früchte lassen sich auf vielerlei Art und Weise verarbeiten, ob zu Salat, Suppe oder Saft. Bei großen Ernten lohnt es sich, Vorräte für den Winter anzulegen.

Bevor man in der Küche frisch ans Werk gehen kann, müssen die gesammelten Wildkräuter und -früchte verlesen, d.h. trockene, zerquetschte und faulende Teile entfernt werden. Anschließend wird das Sammelgut – ganz gleich, ob man es frisch verwerten oder einfrieren möchte – gewaschen. Wildkräuter wäscht man kurz, aber gründlich in reichlich Wasser. Dann gießt man das Wasser durch ein Sieb ab und breitet die Kräuter auf einem sauberen Tuch aus. Wildfrüchte werden unter fließendem Wasser gewaschen. Am besten gibt man sie in ein Sieb, braust sie gut ab und läßt sie abtropfen. Sollen die Wildfrüchte gekocht werden, kann das Waschen entfallen, denn ihr Aroma leidet darunter und sie verlieren Saft.

SALATE UND VIELES MEHR

Für Salate werden die Blätter der Wildkräuter kleingezupft oder kleingeschnitten. Anschließend legt man sie in lauwarmes Wasser, um ihnen einen Teil der Bitterstoffe zu entziehen.
Für Soßen, Quarkspeisen und Milchmixgetränke werden die Blätter besonders fein geschnitten oder im Mixer zerkleinert.

SAFTGEWINNUNG

Aus Wildkräutern und -früchten läßt sich ganz leicht Saft herstellen.

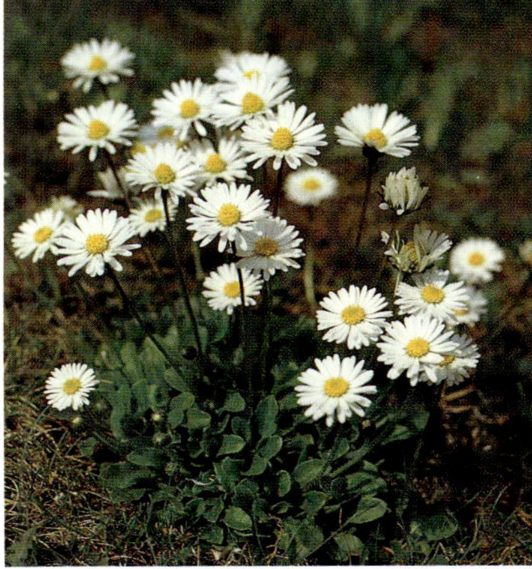

Gänseblümchen bringen Farbe in den Salat.

Guter Heinrich wurde früher als Gemüse angebaut.

Frischsaft: Rohen Saft gewinnt man am besten mit dem elektrischen Entsafter oder der Haushaltszentrifuge. Dieser aromatische, gesunde Durstlöscher ist stark konzentriert und sollte mit Mineralwasser verdünnt werden. Er ist für den baldigen Verbrauch bestimmt und muß im Kühlschrank aufbewahrt werden. Er eignet sich zur Zubereitung von Sirup, Gelee, Bonbons, Desserts, Suppen, Soßen und Likör.
Kochsaft: Er ist schnell gemacht. Kochsaft herzustellen empfiehlt sich besonders dann, wenn nur kleine Mengen an Wildkräutern und -früchten zur Verfügung stehen. Man bedeckt die Kräuter oder Früchte gut mit Wasser und läßt sie 10 min kochen. Dann gießt man sie in ein Sieb und läßt den Saft ablaufen. Er soll kühl stehen, da er nur begrenzt haltbar ist.
Dampfentsaftung: Wenn die Ernte von Wildfrüchten groß ausfällt, ist die Dampfentsaftung die beste Methode. Bei der Vorbereitung der Früchte kann man großzügig vorgehen, kleine Blätter und Stiele stören nicht. Bei Holunderdolden etwa genügt es, nur den Hauptstiel abzuschneiden; Sanddornbeeren kann man mitsamt kleinerer Zweige in den Saftkorb hineinlegen. Damit sich der Saft länger hält, fügt man Zucker hinzu. Früchte und Zucker werden dabei abwechselnd geschichtet. Auf 5 kg Früchte gibt man 500 g Zucker. Den kochendheißen Saft füllt man in Flaschen und verschließt sie fest. Die Verschlüsse sollte man zuvor auskochen, damit keine Keime in den Saft gelangen.

Milchmixgetränke mit Wildkräutern sind gesund.

SUPPEN, SOSSEN UND GEMÜSE

Sollen Wildkräuter warm zubereitet werden, blanchiert man sie zuerst oder überbrüht sie mit kochendem Wasser. Sie fallen dabei sehr zusammen. Anschließend verarbeitet man sie je nach Rezept. Das Kochwasser sollte man auf jeden Fall auffangen. Es läßt sich noch verwerten – sei es für die Zubereitung einer Suppe oder einer Soße. Aber auch als Getränk ist es sehr schmackhaft.
Werden die Wildkräuter nicht noch am selben Tag verwendet, wickelt man sie in ein Geschirrtuch ein. Die Kräuter lassen sich problemlos 2–3 Tage im Kühlschrank aufbewahren. Bei längerer Lagerung allerdings werden die Pflanzen unansehnlich und verlieren ihren Geschmack und ihre Vitamine.

TIP: Wenn Platz in der Tiefkühltruhe ist, kann man den Saft aus Wildkräutern oder -früchten – in Portionen abgepackt – auch gut einfrieren.

KAPERNERSATZ

Gänseblümchenknospen eignen sich als Ersatz für Kapern. Man bringt 2 Teile Weinessig und 1 Teil Wasser zum Kochen, gibt die geschlossenen Köpfchen dazu und würzt – ganz nach Geschmack – mit Lorbeerblättern, Pfefferkörnern, Senfkörnern und Wacholderbeeren. Den Sud läßt man 10 min ziehen und füllt den Ansatz anschließend in Gläser mit einem Schraubverschluß.

Kräuteressig gibt Salaten den letzten Schliff.

MARMELADE UND GELEE

Um Marmelade zu kochen, verwendet man nur vollreife Früchte. Sie werden zu Fruchtmus zerdrückt und mit Gelierzucker im Verhältnis 1:1 gemischt. Die Kochzeit soll nur wenige Minuten betragen, damit das köstliche Wildfruchtaroma so weit wie möglich erhalten bleibt.
Gelee bereitet man – im Gegensatz zu Marmelade – aus rohem oder gekochtem Fruchtsaft und mischt ihn ebenfalls im Mengenverhältnis 1:1 mit Gelierzucker.

TIP: Greifen Sie auf Ihren Beerenvorrat in der Tiefkühltruhe zurück, und kochen Sie immer nur kleine Mengen Marmelade und Gelee; sie schmecken frisch gekocht noch besser. Zu Marmeladen können Sie den Zucker je nach Geschmack reduzieren.

KRÄUTERESSIG

Zur Herstellung von Kräuteressig kann man nicht nur Gewürzkräuter aus dem Garten wie Dill, Thymian, Rosmarin oder Estragon verwenden; auch wildwach-

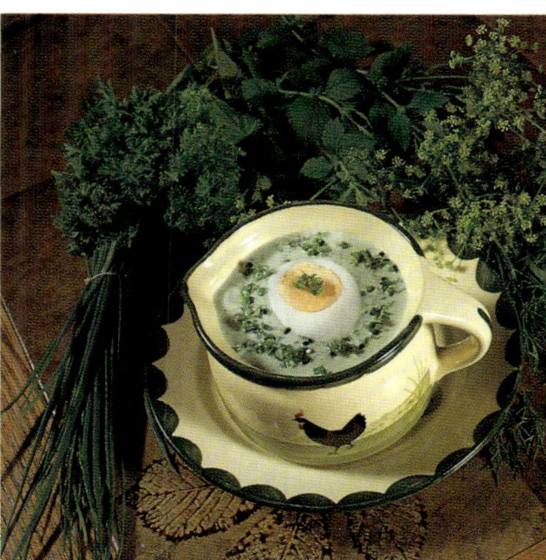

In die Grüne Soße gehören viele Kräuter.

sende Kräuter wie Bärlauch und Schnittlauch kann man in die Glasflasche geben. Aufgefüllt wird mit Weinessig. Der Ansatz wird sorgfältig verschlossen und sollte mindestens 2–3 Wochen ziehen. Wer es mag, kann den Kräuteressig noch mit herbem Rotwein abschmekken. Anschließend wird er gefiltert und in – möglichst dekorative – Glasflaschen gefüllt.

KRÄUTERÖL

Aromatisches Kräuteröl gibt Salatsoßen und Marinaden eine pikante Note. Neben Gartengewürzkräutern ist die Auswahl der Wildkräuter Geschmackssache. Die Kräuter müssen zuvor getrocknet werden, sonst wird das Öl, während es zieht,

Frische Heidelbeeren schmecken sehr lecker.

ranzig. Der Ansatz soll mindestens 2 Wochen stehen. Danach wird er gefiltert und in kleine Flaschen gefüllt.

SCHNAPS, LIKÖR, WEIN

Zur Herstellung von **Schnaps** gibt man Wildkräuter oder -früchte in Obstwasser oder Korn, läßt den Ansatz mindestens 2 Wochen stehen und filtert ihn anschließend durch ein Sieb. Das Sieb legt man am besten mit einem Tuch aus. Wohlschmeckend und gut für die Verdauung sind z.B. Ansätze mit Schlehen, Brombeeren, Himbeeren und Bärlauch.
Bei der Herstellung von **Likör** geht man genauso vor. Allerdings fügt man dem gefilterten Alkoholansatz eine Zuckerlösung zu. Dazu werden Wasser und Zucker aufgekocht. Sobald die Lösung abgekühlt ist, gibt man sie in den Ansatz.
Die Bereitung von **Wildobstweinen** ist etwas für Liebhaber. Sie erfordert etwas Geduld und Erfahrung. Es sollten viele Früchte zur Verfügung stehen. Sie werden zerstampft und zusammen mit Wasser und Weinhefe mehrere Monate lang angesetzt (s.S. 49).

EINFRIEREN

Wildkräuter und -beeren lassen sich gut einfrieren. Wildkräuter werden zuvor blanchiert, kleingehackt und dann portionsweise in Plastikbeuteln oder Tiefkühldosen eingefroren. Besonders gut dafür geeignet sind Brennessel und Guter Heinrich. Die Wildkräuter können einzeln, gemischt oder zusammen mit Gemüse eingefroren werden.

Getrocknete Heidelbeeren helfen gegen Durchfall.

WILDKRÄUTER TROCKNEN

Eine andere Methode, Wildkräuter haltbar zu machen, ist das Trocknen. Zu diesem Zweck werden nur trockene Pflanzen gesammelt, d.h., die Pflanzen sollen nicht regennaß oder noch von Tau benetzt sein. Sie werden – nach Arten getrennt – sorgfältig verlesen und möglichst nicht gewaschen. Pflanzen enthalten sehr viel Wasser, das ihnen während des Trockenvorgangs schnell und schonend entzogen werden muß. Dazu bindet man die Wildkräuter entweder zu Sträußen zusammen und hängt sie zum Trocknen auf. Oder man breitet sie locker auf Papier oder auf Tüchern aus. Dachböden sind ideale Trockenplätze: Sie sind trocken und luftig, und die Pflanzen sind vor direkter Sonneneinstrahlung geschützt. Auch der Balkon oder die Terrasse mit etwas Schatten bieten sich zum Trocknen von Wildkräutern an. Nachts oder bei feuchter Witterung sollte man die Kräuter jedoch an einem trockenen Ort unterbringen. Einfacher und schneller geht der Trockenvorgang mit einem elektrischen Trockengerät mit eingebautem Ventilator vor sich. Pflanzen mit viel ätherischem Öl eignen sich nicht für diese „Schnelltrocknung“, denn die Öle verflüchtigen sich dabei. Sobald die Pflanzen ganz trocken sind, werden sie in luftdicht schließende Gefäße gefüllt. Blüten und Kräuter bleichen in glasklaren Behältnissen schnell aus. Es empfiehlt sich, sie bis zum Verbrauch an einen dunklen Platz zu stellen. Da die getrockneten Kräuter einem natürlichen Wirkstoffverlust unterliegen, sollte man nicht mehr als einen Jahresvorrat anlegen.

Hagebutten kann man auf vielerlei Weise zubereiten.

Teebereitung

Es macht großen Spaß, aus den Trockenvorräten eigene Teemischungen zusammenzustellen. Mit etwas Erfahrung findet man bald seine liebsten Kompositionen heraus. Mischen Sie z.B. Himbeer- und Brombeerblätter zu gleichen Teilen. Für Hagebuttentee trocknet man die ganzen Früchte an der Heizung oder auf der Trokkendörre und mahlt sie dann in der elektrischen Kaffeemühle zu grobem Pulver. 1 gehäufter EL Hagebutten auf 1 l Wasser.

Wildkräuter in Wald und Flur

Frühlingserwachen voll Saft und Kraft

Der Frühling ist die richtige Zeit, um Wildkräuter zu sammeln. Sie treiben jetzt wieder frisch aus. Ihre Verwendung in der Küche ist heute nahezu in Vergessenheit geraten. Dabei lassen sich die leckersten Speisen und Getränke aus ihnen bereiten.

Im Frühling erwacht die Natur wieder zu neuem Leben. Bärlauch öffnet seine weißen, sternförmigen Blüten und erfüllt den Auenwald mit seinem aromatischen Duft. Brennesseln sprießen am Waldrand und wachsen kräftig in die Höhe. Löwenzahn verwandelt die Wiesen in ein gelbes Blütenmeer, in dem ein Heer fleißiger Bienen Nektar sammelt. Im Sommer säumt Wilde Möhre die Wege.

Die Zeit für das Sammeln schmackhafter und gesunder Wildkräuter ist gekommen. Die Natur hält ein üppiges Angebot an Wildkräu-

Feldsalat haben Schnee und Eis nichts an: Selbst im Winter kann man ihn sammeln.

Löwenzahnhonig bereitet man aus den Blüten.

Goldgelb: Löwenzahnblüten

tern für uns bereit. Sie sind jetzt besonders zart und enthalten die meisten ihrer wertvollen Vitamine, Aroma-, Mineral- und anderen Wirkstoffe.

Wilde Möhre paßt gut zu Gemüseeintöpfen.

Bärlauch bildet dichte Blütenteppiche.

Die Zwiebeln schmecken wie Knoblauch.

BÄRLAUCH – WÜRZIG IM AROMA

Wo Bärlauch (*Allium ursinum*) wächst, bleibt er nicht verborgen. Er fällt im Wald sofort auf. Die ganze Pflanze verströmt einen intensiven Knoblauchduft, der durch einen hohen Gehalt an ätherischen Ölen verursacht wird.
Die Blätter erscheinen schon im März. Man kann sie bis zur Blütezeit sammeln, danach verwelken sie schnell. Die kleinen, weißen Zwiebeln werden auch „Zigeunerzwiebeln“ genannt. Man gräbt sie nach der Blütezeit bis zum Herbst aus. Sie dienen in der Küche als Knoblauchersatz.
Merkmale: 20-40 cm hohe Pflanze mit breitlanzettlichen, langgestielten Blättern. Blütenstengel blattlos und stumpf dreikantig. Die weißen Blüten stehen in einer Scheindolde. Vor dem Aufblühen sind sie von einem hellgrünen, transparenten Hüllblatt umgeben. Vorsicht ist geboten! Zur gleichen Jahreszeit erscheinen auch die ähnlichen und sehr giftigen Blätter von Herbstzeitlose (*Colchicum autumnale*) und Maiglöckchen (*Convallaria majalis*). Beide unterscheiden sich vom Bärlauch aber dadurch, daß sie nicht nach Knoblauch riechen.
Vorkommen: Bärlauch ist eine Pflanze feuchter Laubwälder; in Auenwäldern oft in dichten Beständen, so daß der ganze Wald nach Bärlauch duftet.
Wissenswertes: Frischer Bärlauch wird in der Volksheilkunde – ebenso wie Knoblauch – als sogenanntes „Blutreinigungsmittel“ verwendet. Außerdem hilft er bei Verdauungsstörungen, Bronchitis, Arteriosklerose, Bluthochdruck und äußerlich bei Hautausschlägen. Beim Trocknen werden die Wirkstoffe in den Blättern reduziert. Darüber hinaus enthält Bärlauch Vitamin C und Mineralstoffe. Das Zwiebelgewächs läßt sich leicht an einem schattigen Plätzchen im Garten ansiedeln, wo es sich schnell verbreitet.

Erstes Küchenkraut im März

Die jungen, aromatischen Blätter gehören neben

Brennessel und Löwenzahn zum ersten Grün, das uns die Natur im Frühjahr für die Küche zu bieten hat. Sie schmecken wie Knoblauch und werden auch wie dieser als Gewürz verwendet. Bärlauchblätter verfeinern Wildkräutersalate, Soßen und Suppen. Besonders gut passen sie zu Quarkspeisen und zu verschiedenen Käsesorten. Bärlauch hat gegenüber Knoblauch zwei große Vorteile: Sein intensiver Geruch geht beim Kochen zum Teil verloren, und die Geruchsbelästigung beim Genuß von Bärlauch ist viel geringer.

BÄRLAUCHPIZZA

Teig:
200 g Mehl
10 g frische Hefe
7 EL lauwarme Milch
4 EL Öl
1 Eigelb
1/2 TL Salz

Belag:
100 g Bärlauchblätter
75 g durchwachsener Räucherspeck
4 Eier
0,2 l saure Sahne
50 g geriebener Käse
1 Msp Kümmel
Salz
weißer Pfeffer, gemahlen

Aus Mehl, Hefe, Milch, Öl, Eigelb und Salz einen weichen Teig kneten; im Backofen bei 50 °C 30 min gehen lassen. Den Teig 0,5 cm dick ausrollen und auf ein gefettetes Backblech legen.
Die Bärlauchblätter waschen und in 1 cm breite Streifen schneiden. Den Räucherspeck kleinwürfeln, in einer Pfanne anbraten, Bärlauchblätter dazugeben und 3 min dünsten.
Eier verquirlen, Bärlauch, Speck, saure Sahne, Käse und Gewürze zugeben, gut vermengen. Die Masse auf dem Teig verteilen und im Backofen bei 200 °C etwa 40 min backen.

Tip: Statt Bärlauchblättern können Sie auch Brennesselblätter verwenden.

Bärlauchpizza schmeckt nicht nur Wildkräuterfans.

BRENNESSEL – NICHT NUR EIN „UNKRAUT“

Als sogenanntes „Unkraut“ ist die Brennessel (*Urtica dioica*) in Feldern und Gärten im allgemeinen nicht gern gesehen. Wer jedoch um die vielfältige Zubereitung der Blätter zu Wildgemüse, Suppen und Salaten weiß, wer ihre Wirkung als Heilpflanze kennt oder gar Auszüge aus Brennesselblättern im Garten gegen Schädlinge einsetzt, wird diese Pflanze nicht mehr achtlos als „Unkraut“ bezeichnen. Im Frühjahr werden die jungen Blätter ge-

Brennesseln sind robuste Ruderalpflanzen.

sammelt. Sie schmecken am besten. Weil die Blätter mit Brennhaaren besetzt sind, sollte man unbedingt Handschuhe tragen!

Merkmale: Die Brennessel wird 30-150 cm hoch. Ihre vierkantigen Stengel tragen grob gesägte, graugrüne Blätter mit Brennhaaren.

BRENNESSELSUPPE

200 g Brennesselblätter
1 l Wasser
50 g Butter
1 kleine Zwiebel
1 Knoblauchzehe
1 EL Mehl
1 TL Bouillonpulver
1 Msp Muskat
Salz
schwarzer Pfeffer
0,1 l Sahne
2 Scheiben Weißbrot

Brennesselblätter waschen, kurz in kochendes Wasser geben, Kochwasser abgießen und für später auffangen. Die zusammengefallenen Blätter kleinhacken. Zwiebel und Knoblauch schälen und ebenfalls kleinhacken.
30 g Butter in einem Topf zerlassen, Zwiebel und Knoblauch darin glasig dünsten, mit dem Mehl bestäuben, das Kochwasser angießen und glattrühren. Brennnesseln zugeben und mit Bouillonpulver, Muskat, Salz und Pfeffer würzen. Die Suppe noch 5 min kochen lassen, dann die Sahne unterrühren.
Weißbrot würfeln, in der restlichen Butter rösten und vor dem Servieren über die Suppe streuen.

Aus Großmutters Kochbuch: Brennesselsuppe

Vorkommen: Weit verbreitet an Bach- und Waldrändern, an Wegen, auf Wiesen und Ruderalflächen.
Wissenswertes: Die Brennnessel wird in der Volksheilkunde als wassertreibendes Mittel genutzt. Aus den Fasern stellte man in Notzeiten Garne und Nesselleinen her. Auf dem Land fütterte man die Hühner mit Brennnesseln, um die Eidotter goldgelb zu färben.

FELDSALAT MIT AUSTERNPILZEN

150 g Feldsalat
250 g Austernpilze
30 g Butter
Salz
schwarzer Pfeffer, gemahlen
1 Prise Chilipulver
1-2 EL Essig
1-2 EL Öl
1 EL Sherry
1 Msp Zucker

Den Feldsalat waschen und in einem Sieb abtropfen lassen.
Die Austernpilze putzen, große Exemplare zerteilen. In einer Pfanne in Butter bei starker Hitze etwa 5 min goldgelb braten, dabei immer wieder wenden. Mit Salz, Pfeffer und Chilipulver würzen, warmstellen.
Essig, Öl, Sherry, Pfeffer, Salz und Zucker zu Salatdressing verrühren, auf den Feldsalat geben und untermischen.
Die Pilze auf dem Salat verteilen.

Tip: Nach Geschmack mit Zwiebelringen, gerösteten Weißbrot- oder Speckwürfeln garnieren. Statt Austernpilzen können Sie auch andere Pilze verwenden.

FELDSALAT TROTZT SCHNEE UND EIS

Kaum eine Salatpflanze widersteht Schnee und winterlicher Kälte so gut wie Feldsalat (*Valerianella locusta*). Schon im späten Mittelalter wurde er in Kultur genommen. Die Blätter der hochgezüchteten Gartenpflanzen sind weicher, größer und im Geschmack feiner als die der Wildpflanzen. Man sammelt die Rosetten vom Herbst bis zum Frühjahr.

Gebratene Austernpilze verfeinern den Feldsalat.

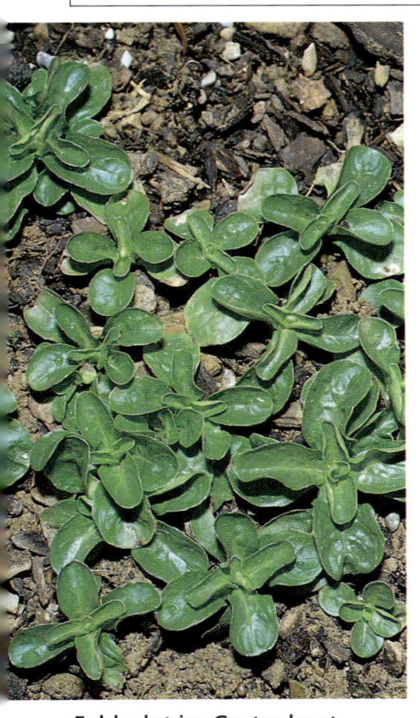

Feldsalat im Gartenbeet

Gesunde Vitamine und Mineralsalze

Schon zu Großmutters Zeiten sehnte man nach der vitaminarmen Winterzeit die ersten Brennesselblätter herbei. Heute bereitet man aus ihnen wieder Salate, Säfte, Suppen und Gemüse. Beim Kochen werden die Brennhaare zerstört.

Merkmale: Die Pflanze bildet eine Blattrosette, aus der gegabelte Stengel wachsen. Die kopfförmig gehäuften, weißen Blüten sind unscheinbar.
Vorkommen: Verbreitet auf Brachäckern und Getreidefeldern in wintermilden Gegenden. Auf trockenen, nährstoffreichen Böden.

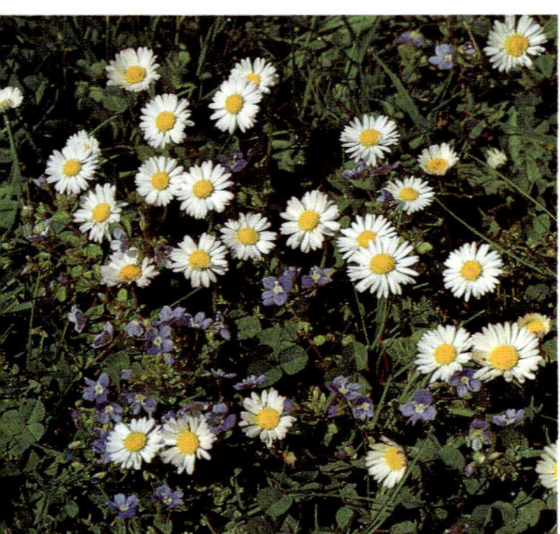

Gänseblümchen beleben eintönige Grünflächen.

Wissenswertes: Der Feldsalat wird auch „Ackersalat", „Rapünzchen" oder „Nüßlisalat" genannt. Er ist einjährig und kann im Spätsommer im Garten ausgesät werden. Die Pflanzen stellen an den Boden nur wenig Ansprüche. Sie wachsen im Herbst langsam zu Rosetten heran und treiben im Frühjahr ihre Blütenstengel.

Frischer Salat im Winter

Feldsalat - sowohl die Wild- als auch die Kulturpflanze - ist ein wichtiger Lieferant von Mineralstoffen sowie den Vitaminen A und C. Er schmeckt besonders gut im Salat. Die Blattrosetten eignen sich auch hervorragend als Garnitur. Man erntet die Blätter am besten mit dem Messer oder einer Schere und läßt die gelben Grundblätter stehen.

GÄNSEBLÜMCHEN – GANZJÄHRIGE ZIERDE

Das Gänseblümchen (*Bellis perennis*) ist fast allgegenwärtig. Es erfreut uns das ganze Jahr mit seinen hübschen Blüten.
Merkmale: Immergrüne Pflanze mit rosettigen, spatelförmigen Blättern und blattlosen Blütenstielen. Blütenköpfe mit weißen bis rötlichen Zungenblüten und gelben Röhrenblüten.
Vorkommen: Weit verbreitet auf Wiesen, Weiden und Rasenflächen. Oft in dichten Beständen.

MILCHMIX-GETRÄNK

1/2 l Buttermilch oder Vollmilch
1 Handvoll frische Wildkräuter: Gänseblümchen, Löwenzahn, Spitzwegerich, Bärlauch, Brennessel, Wiesenschaumkraut
Salz
1 Prise Muskat

Die Kräuter verlesen, waschen und kleinschneiden. Im Mixer mit einem kleinen Teil der Milch pürieren. Restliche Milch dazugießen und das Getränk gut durchmixen. Mit Salz und Muskat abschmecken. Ein würziges, vitaminreiches Getränk als Ergänzung der Frühjahrskur.

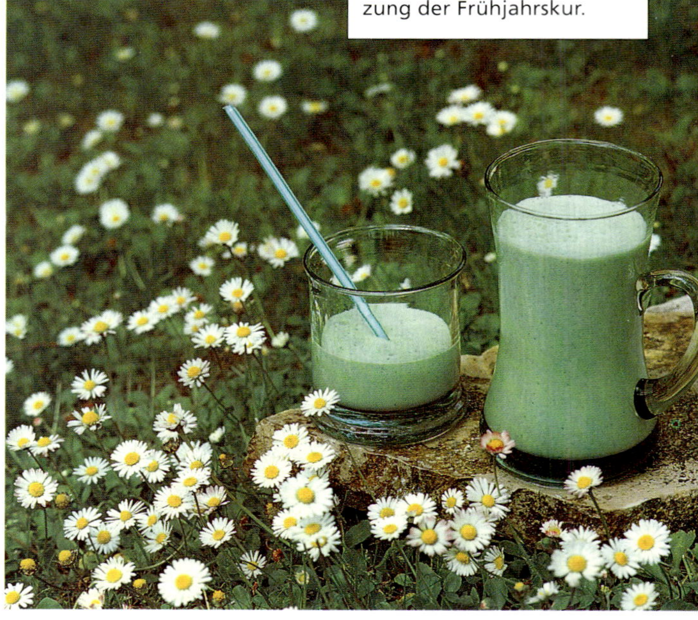

Zur Frühjahrskur: Milchmixgetränk zur Entschlackung

WILDKRÄUTERSALAT MIT GÄNSEBLÜMCHEN

125 g Wildkräuter: Gänseblümchen, Spitzwegerich, Löwenzahn, Bärlauch, Sauerampfer, Brunnenkresse, Wiesenschaumkraut
1 kleine Zwiebel
2 EL Essig
2 EL Öl
1 Msp Zucker
Salz
weißer Pfeffer, gemahlen
0,1 l Sahne

Kräuter verlesen, in etwa 3 cm breite Streifen schneiden. 10 min in lauwarmes Wasser legen, um die Bitterkeit zu mildern. Durch ein Sieb gießen und abtropfen lassen.
Zwiebel schälen und kleinhacken. Essig, Öl, Zucker, Salz, Pfeffer und Zwiebel zu Salatdressing verrühren und über die Wildkräuter geben, gut untermischen. Den Salat etwa 10 min durchziehen lassen.
Anschließend die Sahne in einem gekühlten Gefäß steifschlagen und über dem Salat verteilen. Mit den Blüten der Gänseblümchen und den restlichen kleingehackten Kräutern bestreuen.

Wissenswertes: Früher wuchs das Gänseblümchen nur selten in Gärten; erst die häufige Mahd der Grünanlagen bieten ihm ideale Standortbedingungen mit genügend Licht. Schon kurz nach der Anlage eines Gartens stellen sich Gänseblümchen auf dem Rasen ein. Bei Liebhabern von Zierrasen sind sie nicht gern gesehen. Für manche Gartenfreunde aber sind die hübschen Pflanzen eine willkommene Abwechslung im monotonen Einheitsgrün. Im Volksmund trägt das Gänseblümchen auch den Namen „Tausendschön“.

Vielerlei Wildkräuter gehören in diesen Salat.

Die Pflanze wurde früher wegen ihres hohen Saponingehalts als schleimlösendes Mittel bei Husten und Bronchitis verwendet, darüber hinaus auch bei Leber- und Gallebeschwerden.
Aus dem „bescheidenen“ Gänseblümchen wurden durch Zucht zahlreiche, teils gefüllte Gartenformen entwickelt.

Farbtupfer im Wildkräutersalat

Die frischen Blättchen schmecken gut in Wild-

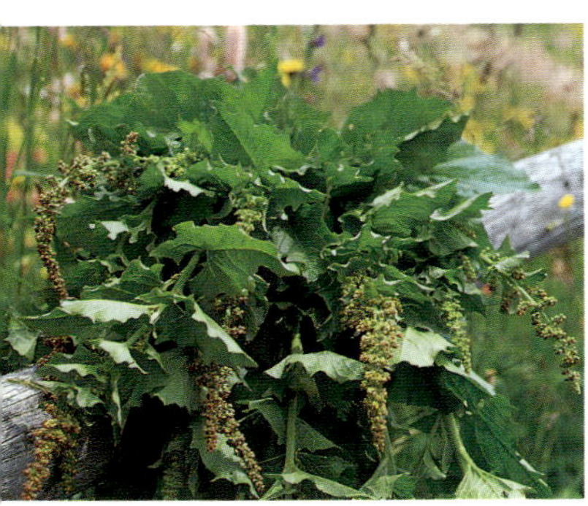

Guter Heinrich wächst an Wegen und auf Wiesen.

GUTER HEINRICH – NOMEN EST OMEN

Wie der Name schon sagt – Guter Heinrich (*Chenopodium bonus-henricus*) kann nur etwas Gutes bedeuten. Die deutsche Bezeichnung rührt daher, daß die Pflanze früher als Gemüse geschätzt wurde; aber auch heute ist man wieder auf den Geschmack gekommen. Man sammelt die Blätter während der Blütezeit von Mai bis Juli.

Merkmale: 10–80 cm hohe, ausdauernde Pflanze mit einer rübenförmigen Wurzel. Blätter dreieckig bis spießförmig und langgestielt, Unterseite mehlig bestäubt. Kerzenförmiger Blütenstand.

Vorkommen: An Wegrändern in Dörfern, in den Alpen in der Nähe von Sennhütten und auf Wiesen.

KRÄUTERTASCHEN MIT GUTEM HEINRICH

70 g Guter Heinrich
1/2 l Wasser
Salz
50 g gekochter Schinken
3 EL Parmesankäse
3 EL Sahne
1 TL Speisestärke
schwarzer Pfeffer, gemahlen
400 g Blätterteig, tiefgefroren
1 Ei, getrennt

Blätter verlesen, waschen und kurz in kochendes Salzwasser geben. In ein Sieb gießen, abtropfen lassen und grob hacken. Den Schinken in feine Streifen schneiden. In einer Schüssel Blätter, Käse, Schinken, Sahne und Speisestärke vermengen. Mit Pfeffer würzen.
Den aufgetauten Blätterteig in Quadrate schneiden, aus dem Restteig runde Plätzchen ausstechen. Füllung auf den Teigplatten verteilen, Ecken umschlagen und zusammendrücken. Die Teigplätzchen mit Eiweiß „ankleben". Die Taschen mit Eigelb bestreichen. Im Backofen bei 200 °C 15–20 min backen.

kräutersalaten. Die bunten Blüten setzen – eventuell zusammen mit einigen Löwenzahnblüten – lustige Farbakzente. Beim Sammeln schneidet man die Rosetten mit dem Messer ab und entfernt die gelben Grundblätter.

Die Kräutertaschen schmecken sehr würzig.

Wissenswertes: Guter Heinrich war früher in der Nähe menschlicher Siedlungen eine charakteristische Pflanze, die entlang der Wege und Zäune weit verbreitet war. Leider ist er infolge der zunehmenden Verstädterung vielerorts sehr selten geworden; noch vorhandene Bestände sollten deshalb geschont werden. Im Gebirge findet man Guten Heinrich oft noch in großen Beständen.
Die Pflanze hat viele Volksnamen bekommen: „Sanfter Heinrich" (Pfalz), „Schmotziger Heiner" (Schwäbische Alb), „Wilder Spinat" (Oberhessen, Schwaben und Schweiz), „Schmalziger Heinl" (Oberbayern).
Das Kraut enthält Saponine und Histamine. Es wurde früher innerlich bei Entzündungen und Lungenerkrankungen, äußerlich in Form von Umschlägen bei Entzündungen und Hautausschlägen verwendet.

Ersatz für Spargel und Spinat

Die zahlreichen Volksnamen weisen auf die Beliebtheit des Guten Heinrichs hin. Er wurde früher sogar vielfach als Gemüse angebaut. Deshalb ist er möglicherweise auch fast überall verbreitet. Die Blätter schmecken wie Spinat, die Stengel wie Spargel.

Löwenzahn prägt im Frühjahr das Bild der Wiesen.

LÖWENZAHN – GELBE BLÜTENPRACHT

Der Gemeine Löwenzahn (*Taraxacum officinale*) ist wohl unsere bekannteste Frühlingsblume. Ein goldgelbes Blütenmeer bietet vielen Insekten von April bis Juni Pollen und Nektar. Die zarten jungen Blätter werden im zeitigen Frühjahr noch vor oder während der Blüte gesammelt.
Merkmale: Bis 40 cm hohe, in allen Teilen milchsaftführende Pflanze mit kräftiger Pfahlwurzel. Die Laubblätter stehen in einer grundständigen Rosette und sind grob gesägt („Löwenzähne"). Gelbe Zungenblüten in Blütenkörbchen.
Vorkommen: Auf Wiesen, Feldern, an Wegrändern und in Gärten. Auf nährstoffreichen Böden.
Wissenswertes: Die Bedeutung des Löwenzahns spiegelt sich in zahlreichen Volksnamen wider: Mit seinen Blüten wurde früher die Butter gelb gefärbt („Butterblume"). „Kuhblume" heißt er, weil er eine wichtige Futterpflanze ist. „Milchstock" deutet auf die Milchsaft führenden Pflanzenteile hin. Kinder blasen gerne die unzähligen Fallschirmfrüchte fort („Pusteblume"). Man nennt ihn häufig auch „Bettseicher", denn Löwenzahn ist für seine harntreibende Wirkung bekannt. Die Pfahlwurzel

wurde früher geröstet und diente als Kaffee-Ersatz.

Vitaminreiche Frühjahrskost

Die jungen Blätter ergeben einen feinen Wildsalat (s. S. 29). Sie passen als Gewürz auch gut zu Wildgemüse, Quarkspeisen und Kräutersoßen. Ihre Bitterkeit wird gemildert, wenn man sie etwa 10 min in lauwarmes Wasser legt. Die Knospen dienen – wie Gänseblümchenknospen – als Kapernersatz.

LÖWENZAHNHONIG UND -GELEE

100 g Löwenzahnblüten
1/2 l Wasser
500 g Zucker
Saft von 1 Orange

Die äußeren grünen Hüllblätter abzupfen, sie schmecken bitter. Die gelben Zungenblüten abstreifen, 6 min in Wasser kochen, in ein Sieb gießen und ausdrücken.
Anschließend den goldgelben Sud mit Zucker und Orangensaft 15 min zu Sirup einkochen. Honig noch heiß in Gläser füllen.

100 g Löwenzahnblüten
1/2 l Wasser
500 g Gelierzucker
Saft von 1/2 Zitrone

Für das Gelee Kräutersud bereiten wie für den Löwenzahnhonig und erkalten lassen. Gelierzucker und Zitronensaft zugeben, aufkochen und 2 min sprudelnd kochen lassen. Gelee noch heiß in Gläser füllen.

Tip: Der Kräutersud läßt sich leicht in kleinen Portionen einfrieren und später zu Honig oder Gelee weiterverarbeiten.

Die Blüten geben Honig und Gelee eine gelbe Farbe.

Besonders beliebt sind Frühjahrskuren mit Löwenzahnpreßsaft und Löwenzahntee. Für den Tee trocknet man die ganze Pflanze samt der Wurzel und schneidet sie klein. Zweimal täglich 1 EL frischen Preßsaft oder 2 Tassen Löwenzahntee über einen Zeitraum von 4–6 Wochen getrunken, wirken entschlakkend und fördern das Allgemeinbefinden. Nierentätigkeit und Galleabsonderung werden stark angeregt. Diese Eigenschaften macht man sich in der Volksheilkunde bei Verdauungsstörungen, Blähungen, Störungen im Bereich des Galleflusses sowie bei Rheuma und Gicht zunutze.

LÖWENZAHNSALAT

125 g junge Löwenzahnblätter
1 kleine Zwiebel
2 EL Essig
2 EL Öl
1 Msp Zucker
Salz
schwarzer Pfeffer, gemahlen
100 g durchwachsener Räucherspeck

Löwenzahnblätter verlesen, in Stücke schneiden und 10 min in lauwarmes Wasser legen. In ein Sieb gießen und abtropfen lassen. Zwiebel schälen und in dünne Scheiben schneiden.

Essig, Öl, Zucker, Salz und Pfeffer zu einem Salatdressing verrühren, über die Löwenzahnblätter gießen und gut untermischen. Den Speck in kleine Würfe schneiden und in einer Pfanne anbraten. Vor dem Servieren auf dem Salat verteilen, mit Zwiebelringen garnieren.

SCHNITTLAUCH – ALLSEITS BELIEBT

Die wissenschaftliche Bezeichnung (*Allium schoenoprasum*) bedeutet nichts anderes als „binsenblättriger Lauch" und beschreibt sehr treffend die röhrenförmigen Blätter. Schnittlauch war vermutlich schon vor 4000 Jahren den Chinesen bekannt. In deutsche Küchen fand er als Gewürz erst relativ spät Eingang.
Merkmale: Schnittlauch ist ein 20–40 cm hohes Zwiebelgewächs mit kleinen, weißen, länglichen Zwiebeln. Die hohlen, bereiften Laubblätter stehen aufrecht. Die Blüten sitzen in kugeligen Scheindolden.

Vorkommen: Wildwachsend im Flachland auf sandigen Böden am Ufer von Flüssen sowie im Bergland auf feuchten Böden.
Wissenswertes: Die aromatische Pflanze wurde schon frühzeitig in Kultur genommen. Sie fehlt neben Petersilie in keinem Bauerngarten.

Ob man Schnittlauch im Garten, Blumenkasten oder Blumentopf zieht – er gedeiht am besten an sonnigen Plätzen in humusreicher, feuchter Erde. Die rosaroten Blüten werden gerne von Bienen und Hummeln besucht. Der aromatische Geruch der Pflanze stammt von ihrem Hauptwirkstoff, dem Lauchöl.

Einfach köstlich: Frühlingssalat mit Löwenzahn

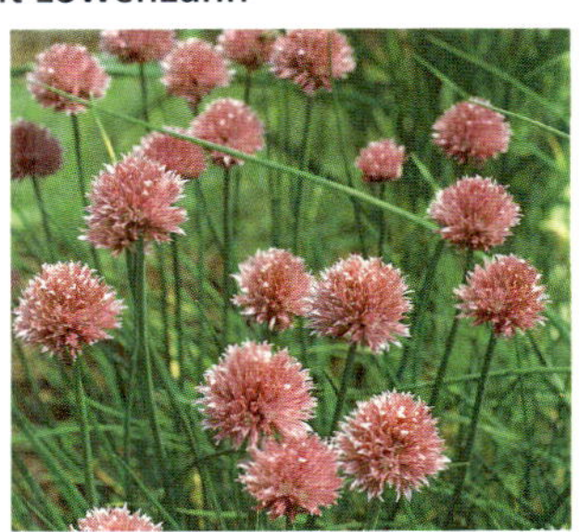

Schnittlauch in Blüte

GRÜNE SOSSE

1 Handvoll Wildkräuter:
Schnittlauch, Spitzwegerich, Bärlauch, Sauerampfer, Brunnenkresse
1/4 Zwiebel
1 Becher Joghurt
150 g Magerquark
2 EL Mayonnaise
1 TL Senf
0,1 l Sahne
1 gestrichener TL Zucker
Salz
weißer Pfeffer, gemahlen

In die traditionelle Grüne Soße gehören verschiedene Gewürzkräuter aus dem Garten. Aber auch diese Variante mit Wildkräutern ist sehr schmackhaft:
Kräuter waschen, in einem Sieb abtropfen lassen und grob zerschneiden. Zwiebel schälen und kleinschneiden. Mit Kräutern und Joghurt im Mixer pürieren. Quark, Mayonnaise, Senf und Sahne dazugeben, mit Zucker, Salz und Pfeffer würzen. Die Soße nochmals gut durchrühren.

Mit Schnittlauch schmeckt die Grüne Soße.

Frische Würze das ganze Jahr

Schnittlauch ist reich an Vitamin C und an Mineralstoffen. Man schneidet ihn in Röllchen und gibt ihn an Suppen, Soßen, Salate, Eier- und Quarkspeisen sowie an Fisch- und Gemüsegerichte. Schnittlauch schmeckt auch hervorragend auf dem Butterbrot. Er wird nicht mitgekocht, man fügt ihn erst zum Schluß zu den Gerichten. Er läßt sich auch sehr gut einfrieren.
Die Blätter sollten frisch verwendet werden, da das feine Aroma beim Trocknen verlorengeht. Deshalb ist es ratsam, im Spätherbst gut gewachsene, kräftige Schnittlauchstöcke zu teilen, in Blumentöpfe umzupflanzen und am Küchenfenster zu halten. Die Pflanzen dürfen nicht austrocknen und müssen regelmäßig gegossen werden. Im Frühjahr schneidet man die Schnittlauchstöcke ab und setzt sie wieder ins Freiland, wo sie nach einiger Zeit neu austreiben.

SPITZWEGERICH – HEILENDE KRÄFTE

Seit dem Altertum steht der Spitzwegerich (*Plantago lanceolata*) als Heilpflanze und Wildgemüse in hohem Ansehen. Die Blätter sammelt man von Mai bis September.
Merkmale: Bis 50 cm hohe, ausdauernde Pflanze. Blätter lanzettlich, in grundständiger Rosette. Die Blüten stehen in einer kopfförmigen Blütenähre. Blütenstengel blattlos.
Vorkommen: Spitzwegerich ist weit verbreitet, sein Anbau im Garten erübrigt sich also. Man findet ihn häufig auf trockenen Wiesen, Feldern, Weiden, an Wegrändern und Böschungen.
Wissenswertes: Bekannt ist Spitzwegerich auch als „Spießkraut", „Hundszun-

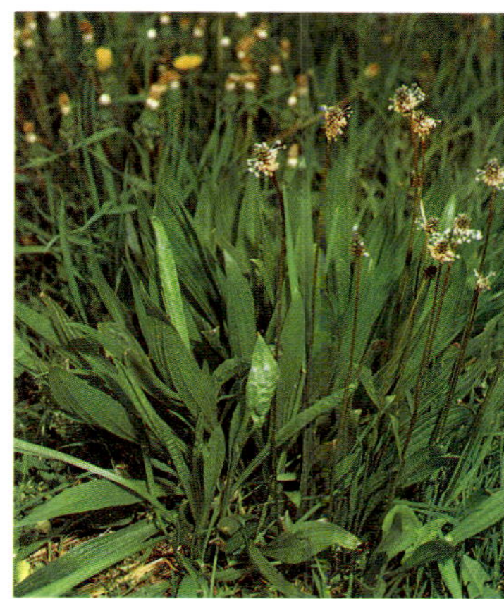

Spitzwegerich – häufig auf Wiesen und Feldern

SPITZWEGERICHBONBONS UND -SIRUP

200 g junge Spitzwegerichblätter
1/2 l Wasser
500 g Zucker
25 g Traubenzucker
20 g Butter
1 gestrichener TL Anis, gemahlen
1 gestrichener TL Fenchel, gemahlen

Spitzwegerichblätter verlesen, waschen, in 1 cm breite Streifen schneiden und 30 min in Wasser kochen.
Durch ein Sieb in einen Topf gießen und Blätter ausdrükken. Den grünen Sud mit Zucker, Traubenzucker, Butter und den Gewürzen etwa 20 min zu einem dickflüssigen Sirup einkochen.
Ein Backblech mit Rand mit Pergamentpapier auslegen, einfetten und den Sirup noch heiß daraufgießen. Vor dem Erstarren die Zuckermasse in Bonbongröße schneiden, trocknen lassen und in Zellglasfolie einwickeln.
Für den Sirup den Kräutersud mit 250 g Zucker einkochen und Sirup noch heiß in Flaschen füllen.

Tip: Spitzwegerichbonbons und Spitzwegerichsirup sind bei Kindern zusätzlich ein gutes Mittel gegen hartnäckigen Husten.

ge“, „Spitzfederich“, „Wegtritt“, „Wundwegerich“ und „Lungenkraut“. Alle diese Namen beziehen sich auf die Form seiner Blätter, sein Vorkommen oder seine Verwendung.
Spitzwegerichblätter enthalten Vitamin C, Schleimstoffe, Kieselsäure und Flavonoide. Sie sind ein bewährtes Mittel bei Husten und Bronchitis. Bei Insektenstichen helfen zerquetschte Blätter. Man zerreibt sie auf der Haut.

Salate und Säfte

Junge Blätter schmecken herb-würzig. Um Wildkräutersalate daraus zu machen, legt man sie kleingeschnitten 10 min in lauwarmes Wasser und entzieht ihnen auf diese Weise einen Teil der Bitterstoffe.
Zur Saftbereitung kann man Spitzwegerich mit anderen Wildkräutern mischen. Dieser frisch gewonnene Kräutersaft ist – mit Mineralwasser verdünnt – das richtige Getränk bei einer Frühjahrskur.

Spitzwegerichsirup und -bonbons helfen bei Husten.

SPITZWEGERICHSALAT

100 g junge Spitzwegerichblätter
200 g Schafskäse
1 Zwiebel
2 EL Essig
2 EL Olivenöl
1 Msp Oregano
Salz
schwarzer Pfeffer, gemahlen
Zucker
125 g schwarze Oliven

Spitzwegerichblätter verlesen, in Stücke schneiden und 10 min in lauwarmes Wasser legen, um die Bitterkeit zu mildern. In ein Sieb gießen und abtropfen lassen.
Käse würfeln. Die Zwiebel schälen und in dünne Scheiben schneiden. Essig, Öl und Gewürze zu Salatdressing verrühren und über die Spitzwegerichblätter gießen. Käsewürfel und Oliven zugeben. Salat mischen und mit Zwiebelringen garnieren (Abb. S. 12).

Im Schatten: Waldmeister

WALDMEISTERBOWLE

1 Sträußchen Waldmeister, angewelkt
1 Flasche Weißwein
1 Flasche Sekt
3 EL Zucker
1 Orange

Gekühlten Weißwein in ein Bowlengefäß gießen und den Zucker vollständig darin auflösen. Das Waldmeistersträußchen an einem Bindfaden so in das Gefäß hängen, daß die Schnittstellen der Stengel vom Wein nicht bedeckt werden. 30 min ziehen lassen, das Gefäß solange kühl stellen.
Danach den Waldmeister herausnehmen, Orangenscheiben ohne Schale in den Wein geben und den gekühlten Sekt zugießen. Prost!

Tip: Den Waldmeister über Nacht welken lassen. Erst durch das Trocknen entfaltet er sein feines Aroma.

Was wäre eine Maibowle ohne Waldmeister?

WALDMEISTER – LECKER IN BOWLE

Im Jahre 854 berichtet der Benediktinermönch Wandelbertus aus Prüm erstmals von dem Getränk, das den Waldmeister (*Galium odoratum*) wortwörtlich in aller Munde brachte - der Maibowle. Dazu sammelt man das Kraut vor und während der Blüte.
Merkmale: Im Mai erscheinen kleine weiße Blüten in langgestielten Doldentrauben. Sie stehen auf dünnen, unverzweigten, vierkantigen Blütenstengeln.
Vorkommen: Weit verbreitet in Laub- und Mischwäldern auf nährstoff- und kalkreichen Böden.
Wissenswertes: Waldmeister wird zur Aromatisierung von Getränken, Süßspeisen und Kräutertees verwendet. Erst beim Welken und Trocknen entwikkelt er sein volles Aroma. Eine Maibowle ohne Waldmeister ist undenkbar. Im Übermaß sollte diese allerdings nicht genossen werden, denn nicht nur der zugefügte Wein, auch das Kraut selbst kann Kopfschmerzen verursachen. Darüber hinaus wird Waldmeister - wie zu Großmutters Zeiten - als Füllung für Duftkissen gesammelt.

Die Wilde Möhre hat eine lange Pfahlwurzel.

Vorkommen: Die Wilde Möhre wächst in Wegrandgesellschaften. In fast ganz Europa verbreitet.
Wissenswertes: Alle Pflanzenteile enthalten ätherisches Öl, die Wurzeln darüber hinaus verschiedene Vitamine, Kohlenhydrate und Mineralstoffe. Sie wurden früher bei Stoffwechselstörungen verwendet.

Wurzeln mit feinem Geschmack

Die Pfahlwurzeln schmekken sehr gut. Man raspelt sie fein und bereitet sie – auch mit anderen Wildkräutern – wie Gemüse zu, gibt sie in Suppen oder serviert sie in Rohkostsalaten.

WILDE MÖHRE – STAMMFORM DER KAROTTE

Aus der Wilden Möhre (*Daucus carota*) sind viele Zuchtformen hervorgegangen. Sie ist die Stammform unserer Karotte. Nach ihren Wurzeln gräbt man von Juli bis Oktober.
Merkmale: Die 30–80 cm hohe Pflanze hat mehrfach gefiederte Blätter. Ihre weißen Blütendolden sind vor der Blüte nestartig zusammengezogen; in der Mitte befindet sich in der Regel eine dunkle „Mohrenblüte". Kräftige Pfahlwurzel.

GEMÜSEEINTOPF MIT WILDER MÖHRE

3 EL Wurzeln der Wilden Möhre, geraspelt
400 g Kartoffeln
200 g Champignons (oder andere Pilze)
1 Zwiebel
1 Knoblauchzehe
40 g Butter
1 l Fleischbrühe
1 Bund frische Gewürzkräuter

Wurzeln der Wilden Möhre unter fließendem Wasser abbürsten und raspeln. Kartoffeln waschen, schälen und kleinwürfeln. Champignons waschen und in Scheiben schneiden. Gewürzkräuter waschen, trockenschütteln und kleinhacken. Zwiebel und Knoblauch schälen und ebenfalls kleinhacken. Butter in der Pfanne erhitzen, Zwiebel und Knoblauch mit der Hälfte der Kräuter kurz darin andünsten. Pilze zugeben und etwa 5 min bei starker Hitze braten, dabei oft wenden.
Die Fleischbrühe im Kochtopf erhitzen. Wilde Möhre, Kartoffeln und gebratene Pilze in die Brühe geben und 20 min weichkochen. Den Eintopf mit den restlichen gehackten Kräutern bestreuen (Abb. S. 19).

Walderdbeeren sind aromatischer als ihre hochgezüchteten Verwandten im Garten.

Wildfrüchte in Hülle und Fülle

Sommer und Herbst – Zeit der Reife

Im Sommer beginnen Walderdbeeren, Himbeeren und Heidelbeeren zu reifen. Die Natur wartet mit einem ungeheuren Reichtum verschiedener Früchte auf. Das Angebot besteht bis zum Wintereinbruch.

Preiselbeeren

Bereifte Weißdornfrüchte

Hagebutten: vitaminreich

Brombeercrêpes runden ein Essen perfekt ab.

Im Sommer ist die Hauptblütezeit vorüber. Allerorts bringen die Pflanzen jetzt Früchte hervor. Auf der Lichtung im Wald sind die Himbeeren reif. Sie zu entdecken, ist eine angenehme Überraschung und versüßt jeden Spaziergang. Kartoffelrosen tragen leuchtend rote Hagebutten. Sie sind weithin zu sehen und sind auch bei Vögeln sehr beliebt. Etwas später im Jahr machen sich Eichelhäher und Eichhörnchen in Haselsträuchern zu schaffen. Sie sammeln Haselnüsse, um sich davon einen Vorrat für den Winter anzulegen.

Wildfrüchte zu sammeln macht großen Spaß, und man hat schnell eine ausreichende Menge – seien es Himbeeren, Brombeeren, Schlehen oder Haselnüsse – beisammen. Wildfrüchte sind zwar oftmals kleiner als ihre hochgezüchtete Gartenverwandtschaft, dafür aber im Geschmack viel intensiver.
Ebenso wie Wildkräuter finden auch viele Wildfrüchte aufgrund ihrer Wirkstoffe in der Heilkunde Verwendung. Schon eine alte Volksweisheit besagt, daß „Gesundheit an den Sträuchern hängt".

Angesetzte Schlehen

BERBERITZE – MIT DORNEN BEWEHRT

Die Berberitze (*Berberis vulgaris*) sollte man - im wahrsten Sinne des Wortes - mit etwas Vorsicht genießen. Blätter und Wurzeln enthalten ein Alkaloid und sind leicht giftig. Ihre Früchte sind jedoch vollkommen ungiftig. Man sammelt sie von September bis Oktober. Die Früchte der Gartenberberitze allerdings dürfen nicht verzehrt werden!
Merkmale: Bis zu 3 m hoher Strauch. Die Zweige tragen dreiteilige Dornen. Gelbe Blüten in hängenden Trauben. Blütezeit von Mai bis Juni. Ab August reifen die länglichen Beeren.
Vorkommen: Die Berberitze mag trockene Gebüsche, sonnige Waldränder und lichte Wälder auf kalkreichen Böden.
Wissenswertes: Die Früchte enthalten viel Vitamin C, Fruchtsäuren, Zucker und Mineralstoffe.
Die Wurzelrinde wurde früher bei Störungen der Leber- und Gallefunktion, bei Fieber und Verstopfung verabreicht.

Früchte sauer wie Zitronen

Die Beeren eignen sich zur Bereitung von Saft, Sirup, Marmelade und Gelee. Aufgrund ihres hohen Vitamin-C-Gehaltes schmecken sie sauer. Daher mischt man sie am besten mit anderen Früchten, die weniger Säure haben. Das bietet sich auch deshalb an, weil die Früchte wenig ergiebig sind.

Berberitze in Blüte

Berberitzenfrüchte

BERBERITZENMARMELADE

0,1 l Berberitzensaft
300 g saure Äpfel
300 g feste Tomaten
600 g Gelierzucker
1 Msp Kardamom

Berberitzenfrüchte an den Stielen lassen, mit Wasser abbrausen, in einem Sieb zerdrücken oder mit der Saftzentrifuge entsaften. Äpfel schälen und Kerngehäuse entfernen. Tomaten waschen und kleinschneiden. Äpfel und Tomaten mit Wasser bedeckt etwa 3 min weichkochen, pürieren und etwas abkühlen lassen.
Berberitzensaft und Gelierzucker zugeben, unter Rühren zum Kochen bringen und 4 min sprudelnd kochen lassen. Mit Kardamom würzen und noch heiß in Gläser füllen.

BROMBEERE – DICHTES GESTRÜPP

Brombeersträucher (*Rubus fruticosus*) bilden mit ihren bestachelten Zweigen oft undurchdringliche Hecken. Für Tee sammelt man die jungen Blätter von Mai bis Juli. Die Früchte kann man ab August ernten.
Merkmale: Blätter gefiedert. Blüten weiß. Die schwarz glänzenden Früchte sind Sammelfrüchte.
Vorkommen: Verbreitet an Waldrändern, auf Lichtungen, in Hecken, Gebüsch.
Wissenswertes: Die Blätter enthalten Gerbstoffe, Flavone und ätherische Öle. Tee aus Brombeerblättern ist ein bewährtes Mittel gegen leichte Durchfallerkrankungen. Er kann auch zum Gurgeln bei Entzündungen im Mund- und Rachenraum verwendet werden.

BROMBEERKUCHEN

Teig:
200 g Mehl
90 g Butter
60 g Zucker
3 Eigelb
1 Päckchen Vanillinzucker
1 Msp Backpulver
1 Prise Salz

Belag:
500 g Brombeeren
100 g Mandeln, gemahlen
6 Eiweiß
175 g Puderzucker

Aus Mehl, Butter, Zucker, Eigelb, Vanillinzucker, Backpulver und Salz einen Teig kneten. Eine Springform (Ø 26 cm) einfetten und den Teig darin auslegen. Im Backofen bei 200 °C 10 min vorbacken.
Für den Belag die Eiweiße mit dem Puderzucker steifschlagen. Mandeln auf den vorgebackenen Kuchenboden streuen, die Brombeeren darauf verteilen und zuoberst den gezuckerten Eischnee geben. Den Kuchen im Backofen bei 200 °C 30–40 min fertigbacken.

Tip: Als Belag eignen sich auch Himbeeren.

Brombeeren eignen sich zu Kuchen und Desserts.

Brombeeren sind schnell gesammelt.

BROMBEERCRÊPES

Teig:
100 g Mehl
3 Eier
1/4 l Milch
1/2 TL Salz
40 g Butter zum Ausbacken

250 g Brombeeren
1 Likörglas Kirschwasser
2 EL Puderzucker
8 EL Brombeermarmelade

Aus Mehl, Eiern, Milch und Salz einen Teig rühren. Brombeeren verlesen, Stiele entfernen, kurz mit Wasser abbrausen und abtropfen lassen. Mit Kirschwasser beträufeln und mit Puderzucker bestreuen. Butter in einer Pfanne zerlassen und 8 Crêpes darin ausbacken. Jeden mit einem Löffel Brombeermarmelade bestreichen, zusammenrollen und auf einer Platte warm halten. Vor dem Servieren die Brombeeren auf den Crêpes verteilen (Abb. S. 35).

Die Beeren sind reich an verschiedenen Fruchtsäuren und an Vitamin C. Von der Brombeere gibt es viele Unterarten, die sich in Aussehen und Geschmack nur geringfügig voneinander unterscheiden. Für den Garten werden verschiedene Sorten angeboten. Der Strauch bevorzugt tiefgründigen, gedeiht aber auch auf leichterem Boden. In kalten Wintern kann er stark zurückfrieren.

Beliebt als Tee und Obst

Die getrockneten Blätter ergeben - gemischt mit Himbeerblättern - einen wohlschmeckenden Tee. Man kann die Blätter auch fermentieren: Dazu trocknet man sie vor, bespritzt sie mit Zuckerwasser, schnürt sie - eingepackt in einen Plastikbeutel - fest zusammen und lagert sie 3 Tage bei 30 °C. Anschließend trocknet man die Blätter zu Ende und schneidet sie klein.

Die saftigen Früchte schmecken sehr gut in Kuchen und Desserts. Sie lassen sich zu Saft, Gelee und Marmelade, zu Wein und Likör verarbeiten. Bei einer üppigen Ernte kann man die Beeren auch tiefgefrieren und auf diese Weise für den Winter einlagern.

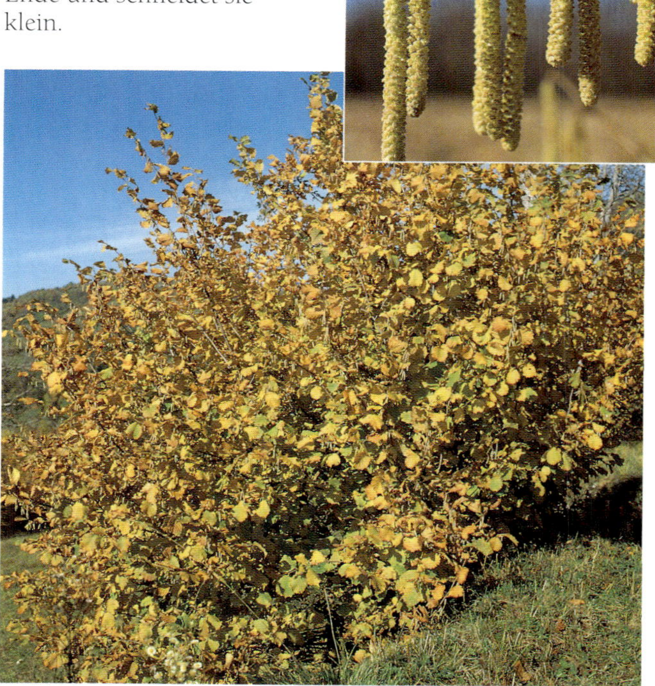

Hasel: Blüten (oben) und Strauch (unten)

HASELNUSSPRALINEN

250 g Haselnüsse
50 g Orangeat
2 Eigelb
1/2 Likörglas Orangenlikör
20 g Kokosfett
200 g Puderzucker
100 g Schokoladenglasur

Haselnüsse im vorgeheizten Backofen bei 200 °C 10 min rösten und abkühlen lassen. Etwa 50 g der schönsten Nüsse zum Verzieren der Pralinen aussuchen, die restlichen Nüsse mahlen. Orangeat sehr fein hacken. Eigelb, Orangenlikör und flüssiges, nicht zu heißes Kokosfett in einer Schüssel verrühren. Haselnüsse, Puderzucker und Orangeat dazugeben und zu einem Teig kneten. Arbeitsfläche mit Puderzucker bestäuben. Pralinenmasse halbieren und daraus eine 3 cm dicke Rolle sowie ein 15 cm x 15 cm großes Quadrat von 3 cm Dicke formen. Im Kühlschrank mindestens 2 Stunden fest werden lassen.
Danach die Rolle in Scheiben und das Quadrat in beliebige eckige Formen schneiden. Schokoladenglasur im Wasserbad schmelzen, die Pralinen darin halb oder ganz eintauchen und mit je einer Haselnuß verzieren. Sie sind ein willkommenes Gastgeschenk.

HASEL – KÖSTLICHE NÜSSE

Die Hasel (*Corylus avellana*) ist unser erster Frühjahrsbote. Sie öffnet ihre Blütenkätzchen oft schon im Februar. Die Nüsse werden ab September reif. Da sie auch Eichhörnchen, Eichelhähern und Haselmäusen gut schmecken, muß man sich mit der Ernte beeilen.
Merkmale: Die männlichen Blüten legt der bis zu 7 m hohe Strauch bereits im Vorjahr an. Die Narben der unscheinbaren weiblichen Blüten sind purpurrot gefärbt. Die Haselnüsse reifen in offenen Fruchtbechern, die in Büscheln zusammenstehen können.
Vorkommen: Häufig als Unterholz in lichten Laubwäldern, an Waldrändern, in Bachauen, Feldhecken und Gebüsch. Der Strauch wird vielfach auch in Gärten und Parkanlagen angepflanzt. Er bevorzugt frische, nährstoffreiche Böden.
Wissenswertes: Die größeren im Handel erhältlichen Früchte stammen von der Lambertsnuß (*Corylus maxima*). In Parkanlagen findet man bisweilen die Baum-

Die Pralinen sind die Krönung besonderer Anlässe.

HASELNUSSKLÖSSCHEN IN BOUILLON

60 g Haselnüsse, gemahlen
40 g Semmelbrösel
30 g Butter
2 Eier
1 TL Zitronensaft
1 Prise Muskat
Salz
1 l Fleischbrühe
etwas Schnittlauch

Weiche Butter mit den Eiern in einer Schüssel schaumig rühren. Haselnüsse und Semmelbrösel untermischen. Mit Zitronensaft, Muskat und Salz würzen. Die Masse 10 min quellen lassen.
In einem Topf die Fleischbrühe zum Kochen bringen. Mit 2 Teelöffeln Klößchen abstechen und etwa 6 min bei schwacher Hitze in der Fleischbrühe kochen. Vor dem Servieren die Bouillon mit Schnittlauchröllchen bestreuen.

hasel (*Corylus colurna*), deren Früchte ebenfalls wohlschmeckend und nahrhaft sind. Haselnüsse enthalten Eiweiß, Fett, Kohlenhydrate und Vitamine.
Aus Haselästen schneidet man Spazierstöcke und Wünschelruten, mit denen Rutengänger nach Wasseradern suchen. Die elastischen Ruten werden auch zu Körben geflochten.

Etwas für Verwöhnte: Haselnußklößchen in Bouillon

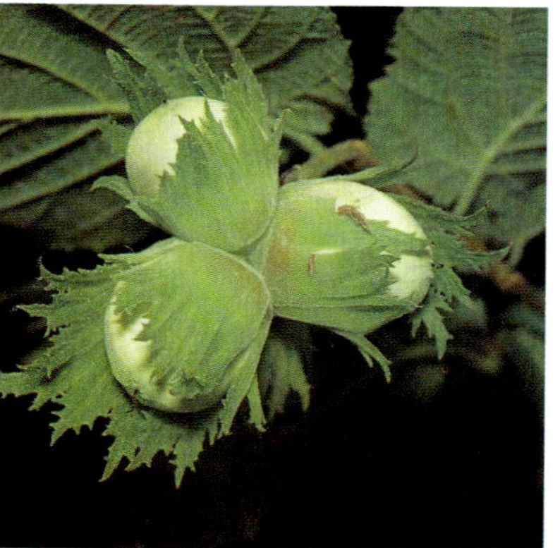

Reife Haselnüsse

Zu Gebäck und Naschwerk

Die schmackhaften Haselnußkerne werden vielseitig zum Kochen und Backen verwendet. Sie sind eine Zutat für Suppen, Puddings, Eis und Kuchen und ein fester Bestandteil der Weihnachtsbäckerei. Schokoladen-, Süßwaren- und Backwarenindustrie verarbeiten bedeutende Mengen. Als Nüsse allein oder im Studentenfutter mit Trockenfrüchten gemischt sind sie als Naschwerk beliebt. Lecker schmecken die geraspelten Nüsse auch im Müsli. Darüber hinaus kann man Haselnüsse mit Zukker, Butter, Milch und Zimt wie Gebrannte Mandeln zubereiten. Haselnüsse enthalten etwa 60 % Öl und liefern auch ein wertvolles Speiseöl.

Heckenrose – ein weitverbreitetes Feldgehölz

HECKENROSE – VIEL BESUNGEN

Von der Blüte bis zur Frucht sind Heckenrosen (*Rosa canina*) eine wahre Zierde unserer Feldgehölze. Kein Wunder, daß der Strauch in vielen Liedern besungen wird und auch in Märchen oft eine Rolle spielt, z.B. in „Dornröschen". Die Sammelzeit für Hagebutten beginnt im September.
Merkmale: 1–3 m hoher Strauch mit stacheligen Zweigen. Im Juni erscheinen die hellrosa gefärbten, schwach duftenden Blüten.

Bei den eiförmigen Hagebutten handelt es sich streng genommen um Scheinfrüchte, die sich aus dem becherförmigen Blütenboden, nicht aus den Fruchtknoten entwickeln. Zahlreiche Samen befinden sich im Inneren.
Vorkommen: Die Heckenrose ist weit verbreitet an Wald- und Wegrändern, in Hecken, Feldgehölzen und lichten Wäldern.
Wissenswertes: Man nennt die Heckenrose auch „Hundsrose", „Hagrose", „Hainbutten", „Hiefenstrauch" und „Dornröschen".

Die Hagebutten enthalten neben anderen Vitaminen vor allem Vitamin C sowie Fruchtsäuren, Pektine, Gerbstoffe, Kohlenhydrate und Carotinoide als Farbstoffe. Wegen des hohen Vitamin-C-Gehaltes ist Hagebuttentee in der Volksmedizin ein beliebtes Heilmittel bei Erkältungskrankheiten. Die Samen werden bei Nieren- und Blasenerkrankungen, Gicht und Rheuma verordnet.
Als Tiefwurzler wird der robuste Strauch zur Bodenfestigung genutzt.

Die besondere Geschmacksnote

Aus den Schalen frischer Hagebutten kann man eine

Hagebutten auf Vorrat

HAGEBUTTENMARK UND -SCHNITTEN

Frisch gesammelte Hagebutten verlesen, Stiele und Blütenreste entfernen, halbieren und die Samen herausschälen. Die Fruchtschalen mehrmals waschen, bis die Samenhärchen herausgelöst sind. Über Nacht in Wasser einweichen.
Danach die Hagebuttenschalen, knapp mit Wasser bedeckt, 30 min weichkochen, etwas abkühlen lassen und anschließend im Mixer pürieren.
Dieses „Hägenmark" ist Grundlage für weitere Rezepturen, z.B. für Marmelade: Dafür das Hagebuttenmark mit Gelierzucker im Verhältnis 1:1 und dem Saft einer halben Zitrone mischen, unter Rühren zum Kochen bringen und 4 min sprudelnd kochen lassen. Noch heiß in Gläser füllen.

400 g Blätterteig, tiefgefroren
Hagebuttenmarmelade
1 Ei, getrennt

Für die Hagebuttenschnitten die Blätterteigplatten auslegen und auftauen lassen. In Quadrate schneiden, den Restteig in schmale Streifen. Je 1 TL Hagebuttenmarmelade in die Mitte der Teigstücke geben, zwei Teigstreifen unten mit Eiweiß bestreichen und über Kreuz auflegen.
Backblech mit kaltem Wasser abspülen, Hagebuttenschnitten darauflegen und mit Eigelb bestreichen. Im vorgeheizten Backofen bei 200 °C 15–20 min backen.

äußerst schmackhafte Marmelade bereiten. Empfehlenswert – wenn auch etwas aufwendig – ist die Herstellung von Hagebuttenwein. Die Bereitung von Likör ist dagegen einfach: Man zerstampft dazu 1 kg Hagebutten, übergießt sie mit 1,5 l 35 %igem Alkohol, läßt den Ansatz 4 Wochen ziehen und filtert ihn anschließend. Dann kocht man 700 g Zucker in 1 l Wasser auf, gibt die abgekühlte Zuckerlösung zu dem Ansatz und füllt ihn in Flaschen. Hagebutten lassen sich auch zu leckeren Suppen zubereiten und sind eine aparte Beilage zu Wildgerichten.

Hagebuttenmarmelade

Die Schnitten sind mit Hagebuttenmarmelade gefüllt.

HEIDELBEERE – ZWERGSTRAUCH AUF SAUREN BÖDEN

Die Früchte der Heidelbeere (*Vaccinium myrtillus*) reifen in milden Gegenden schon Ende Juni, im Gebirge kann man sie noch im September pflücken.

Merkmale: Sommergrüner Zwergstrauch mit 15–50 cm Höhe. Zweige aufrecht, kantig und stark verästelt. Laubblätter eiförmig zugespitzt und fein gesägt. Krugförmige Blüten unscheinbar, grünlich gefärbt. Früchte erbsengroß und blauschwarz-bereift.

Die Heidelbeere ist leicht mit der nahe verwandten Rauschbeere (*Vaccinium uliginosum*) zu verwechseln. Die Beeren reifen zur gleichen Zeit. Heidelbeeren unterscheiden sich aber von Rauschbeeren durch ihren roten Saft, der die Finger blaurot färbt. Der Saft der Rauschbeeren ist farblos. Darüber hinaus schmecken Rauschbeeren – im Gegensatz zu Heidelbeeren – fade. Sie können Übelkeit hervorrufen und sollten nicht gegessen werden.

Vorkommen: Auf sandigen und torfigen Böden in artenarmen Laub- und Nadelwäldern, in Mooren und Heiden; oft in dichten Beständen, im Bergland kommt sie häufiger vor.

Heidelbeeren wachsen auf sauren Böden.

Wissenswertes: Heidelbeeren sind als Wildobst sehr geschätzt. Sie enthalten Vitamine, Zucker, Fruchtsäuren, Mineral- und Gerbstoffe. Die Gerbstoffe sind es auch, die getrocknete Heidelbeeren zu einem wirksamen Mittel gegen leichte Durchfallerkrankungen machen. Dazu kaut man mehrmals täglich einen Teelöffel voll getrockneter Beeren. Frische Heidelbeeren wirken dagegen etwas abführend. Heidelbeersaft hilft gegen Entzündungen im Mund- und Rachenraum. Die Blätter enthalten beträchtliche Mengen Arbutin und sind leicht giftig.

Wildfrucht mit vielen Seiten

Heidelbeeren sind vielseitig verwendbar. Frisch schmekken sie am besten. Mit Milch, Quark oder Schlagsahne angemacht, sind sie ein köstliches Dessert. Sie werden auch zu Kompott, Kuchenbelag, Eis, Marmelade und Suppe zubereitet. Die Herstellung von Heidelbeerwein und -likör lohnt sich ebenfalls. Die saftigen Beeren lassen sich für den Winter gut einfrieren.

HEIDELBEERTASCHEN

Teig:
350 g Mehl
20 g frische Hefe
1/8 l Milch
75 g Zucker
65 g Butter
1 Eigelb
4 Tropfen Zitronenaroma
1 gestrichener TL Salz
350 g Heidelbeeren
50 g Zucker
1 Eiweiß
25 g Butter zum Bestreichen
Puderzucker

Aus Mehl, Hefe, lauwarmer Milch, Zucker, weicher Butter, Eigelb, Zitronenaroma und Salz einen weichen Teig kneten. Zugedeckt oder im Backofen bei 50 °C 30 min gehen lassen.
Heidelbeeren verlesen und in einer Schüssel mit dem Zucker vermengen.
Die Arbeitsfläche mit Mehl bestäuben, den Teig ausrollen und in etwa 11 cm x 14 cm große Rechtecke schneiden. Je 2 EL Heidelbeeren daraufgeben, den Rand mit Eiweiß bestreichen, Teigecken übereinanderschlagen und fest andrücken. Die Taschen auf ein gefettetes Backblech legen und mit zerlassener Butter bestreichen. Im vorgeheizten Backofen bei 200 °C etwa 25 min backen. Mit Puderzucker bestreuen.

Heidelbeertaschen

HIMBEERE – IMBISS IM WALD

Wie viele andere Wildfrüchte schmecken auch Himbeeren (*Rubus idaeus*) aus dem Wald besser als Zuchtformen. Die ersten Früchte steckt man am besten gleich in den Mund. Um Tee zu bereiten, sammelt man die Himbeerblätter kurz nach dem Austrieb von Mai bis Juni, die Früchte von Juli bis August.

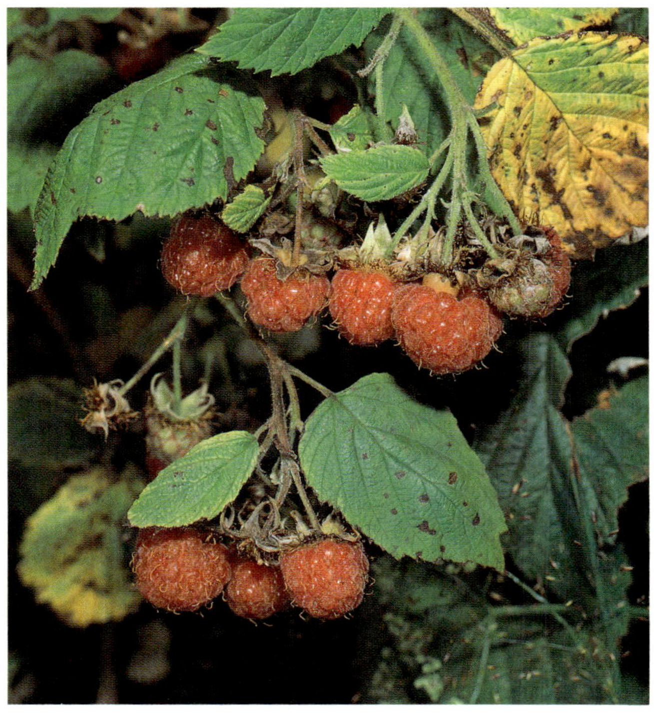

Himbeeren – köstlich gleich vom Strauch in den Mund

HIMBEER-MARMELADE

1 kg Himbeeren
1 kg Gelierzucker
2 EL Himbeergeist

Himbeeren verlesen, nicht waschen und zu Mus zerdrücken. Gelierzucker zufügen, unter Rühren zum Kochen bringen und 4 min sprudelnd kochen. Himbeergeist einrühren. Noch heiß in Gläser füllen.

Tip: Die Marmelade schmeckt z.B. auf Linzer Torte.

Merkmale: 0,5–2 m hoher, winterkahler Strauch mit aufrechten, feinstacheligen Zweigen. Die runzeligen Blätter sind unterseits weißfilzig. Blüten weiß, in Rispen. Himbeeren sind Sammelfrüchte.
Vorkommen: Verbreitet an Waldrändern, auf Waldschlägen, an Bachufern und in Gebüsch.
Wissenswertes: Himbeeren standen vermutlich schon auf dem Speiseplan der Steinzeitmenschen, man fand Himbeersamen in ihren Behausungen.

HEISSE HIMBEEREN

200 g frische Waldhimbeeren
4 EL Himbeermarmelade
0,2 l Sahne
1 Päckchen Vanillinzucker
200 g Vanilleeis

Das Vanilleeis in Glasschalen füllen. Sahne mit Vanillinzucker steifschlagen und auf die Eisportionen verteilen. Himbeeren mit der Himbeermarmelade erhitzen und über Eis und Sahne geben. Sofort servieren.

Heiße Himbeeren sind ein Dessert für Leckermäuler.

Kleinen Kindern verabreichte man früher bei fiebrigen Erkältungskrankheiten mit Mineralwasser verdünnten Himbeersaft, denn er löscht hervorragend den Durst.

Süß und saftig

Himbeeren enthalten viel Vitamin C. Sie schmecken köstlich als frisches Obst. Gerne werden sie auch zu Kompott, Soufflé, Marmelade und Gelee verarbeitet. Auf Vanillepudding darf Himbeersoße nicht fehlen. Heiße Himbeeren mit Vanilleeis und Sahne werden in fast jedem Restaurant als Dessert angeboten. Und ein Gläschen Himbeergeist gibt manchem Essen erst den richtigen Pfiff.

Schwarzer Holunder steht häufig bei Bauernhäusern.

Holunderbeeren

SCHWARZER HOLUNDER – SITZ GUTER GEISTER?

Schwarzer Holunder (*Sambucus nigra*) spielt eine wichtige Rolle in der germanischen Mythologie. Glaubten die Germanen doch, daß sich die Göttin Freya – die Beschützerin von Haus und Hof – den Strauch als Wohnsitz auserkoren habe

HOLUNDERBEERSUPPE

400 g Holunderbeeren
2 saure Äpfel
200 g Zwetschgen
1/2 l Wasser
60 g Zucker
1 Msp Zimt
1 Msp Salz

Klößchen:
1 Eiweiß
1 gestrichener TL Puderzucker
1 Prise Salz

Die reifen Dolden waschen und Beeren von den Stielen streifen. Äpfel waschen, vierteln und Kerngehäuse entfernen. Zwetschgen waschen, halbieren und entsteinen. Äpfel und Zwetschgen mit etwa 4 EL Wasser weichkochen, abkühlen lassen und im Mixer pürieren.
Holunderbeeren mit Wasser und Zucker in einem Topf aufkochen, Apfel-Zwetschgen-Mus dazugeben und 3 min weiterkochen. Mit Zimt und Salz würzen.
Für die Klößchen das Eiweiß mit Puderzucker und Salz steifschlagen. Mit 2 Teelöffeln Klößchen abstechen, in die kochende Suppe geben, einige Minuten ziehen lassen.

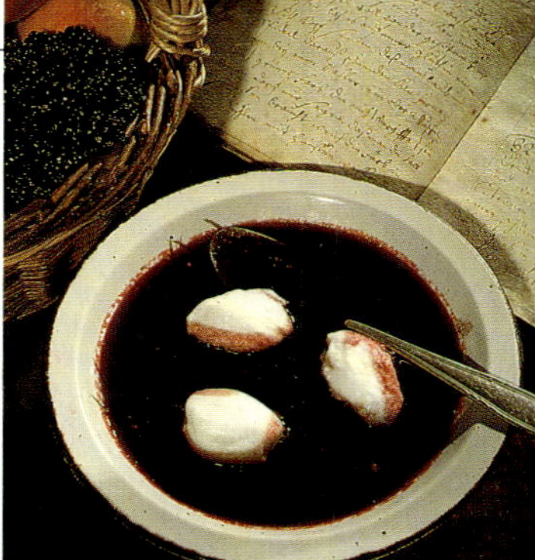

Holunderbeersuppe

HOLUNDERKÜCHLEIN

12 kleine Blütendolden
200 g Mehl
2 EL Öl
2 Eier, getrennt
0,4 Bier
1 Päckchen Vanillinzucker
1 Prise Salz
Fett zum Ausbacken
Puderzucker

Die Blüten gut schütteln, da oft kleine Käfer in den Dolden sitzen. Für den Bierteig Mehl, Öl, Eigelb, Bier, Vanillinzucker und Salz verrühren. Die Eiweiße steifschlagen und unterheben. Fett in einem Topf erhitzen, die Blütendolden in den Bierteig tauchen und dann im heißen Fett knusprig ausbacken. Mit Puderzucker bestreuen.

und mit vielen guten Geistern darin wohne.
Sowohl die Blüten als auch die Beeren sind in der Küche verwendbar. Die Blüten sammelt man von Mai bis Juli. Grüne Beeren sind schwach giftig; es dürfen ab August nur die reifen, schwarzvioletten Früchte geerntet werden.
Merkmale: Der Strauch wird 3-6 m, selten sogar bis zu 10 m hoch. Seine Zweige enthalten weißes Mark. Die unpaarig gefiederten Blätter duften beim Zerreiben aromatisch. Die gelblichen Blüten stehen in schirmförmigen Trugdolden. Sobald die Beeren reifen, neigen sich die Trugdolden herab. Schwarzer Holunder ist leicht mit dem ähnlichen, aber kleineren Attich (*Sambucus ebulus*) zu verwechseln. Seine Dolden stehen jedoch aufrecht.

Holunderküchlein – zart im Geschmack

Vorkommen: Schwarzer Holunder wächst in Wäldern, Hecken und Gebüschen. Er ist oft bei Bauernhäusern anzutreffen.
Wissenswertes: Holunderblüten wirken schweißtreibend. Der Tee wird – so heiß wie möglich – bei Erkältungskrankheiten getrunken. Auch Holunderbeersaft wird in der Volksheilkunde bei fieberhaften Erkältungskrankheiten sehr geschätzt.

Köstlichkeiten aus Blüten und Beeren

Neben den bekannten Holunderküchlein kann man aus den Blütendolden – mit Wasser, Zucker, Essig und Zitronen angesetzt – auch ein sektähnliches Getränk zubereiten. Bei großen Ernten lohnt es sich, aus den Beeren Saft oder Wein herzustellen. Gemischt mit anderen Früchten, lassen sich feine Wildfruchtmarmeladen kochen.

KARTOFFELROSE – NEUBÜRGER AUS FERNOST

Die Kartoffelrose (*Rosa rugosa*) ist kein einheimisches Gewächs. Sie wurde vor mehr als 130 Jahren aus Nordostasien nach Mitteleuropa gebracht.
Merkmale: Anspruchsloser, robuster, bis zu 2 m hoher Strauch, dessen Zweige dicht mit Borsten und Stacheln besetzt sind. Ab Mai erscheinen die auffälligen, 6–8 cm großen, rosafarbenen bis purpurnen, bisweilen auch weißen Blüten. Früchte ziegel- bis scharlachrot und kugelig-abgeflacht. Sie werden bereits am Ende der Blütezeit im August reif. Sie sind größer und fleischiger als die Hagebutten einheimischer Wildrosen.

Kartoffelrose: Hagebutten

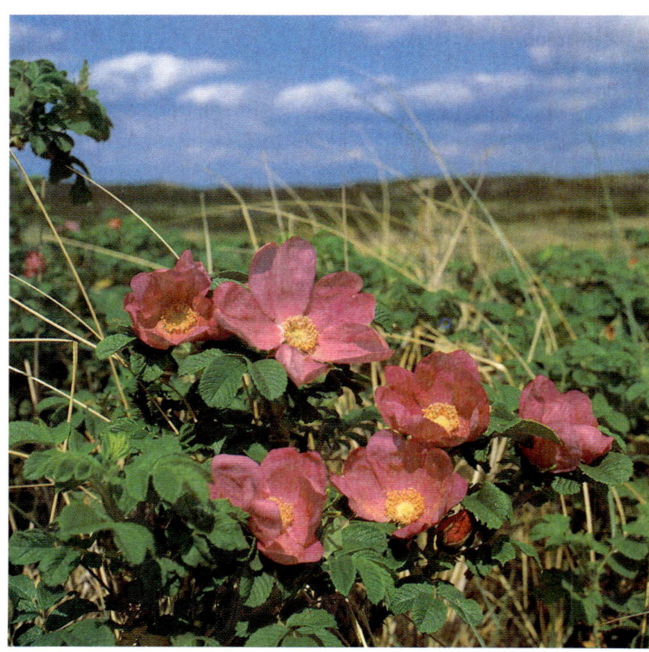

Kartoffelrose – an Küsten oft verwildert

Vorkommen: Der Strauch bildet zahlreiche Ausläufer und wird deshalb gerne zur Bodenfestigung an Straßen gepflanzt. Auch als Zierstrauch in Parkanlagen ist er häufig.
Wissenswertes: Nach ihrer Einbürgerung wurde die Kartoffelrose zunächst in Gärten und Parkanlagen angepflanzt. Sie hat sich in ihrer neuen Umgebung gut eingelebt. Wo sie – wie auf den Nordseeinseln – zur Befestigung der Dünen gepflanzt wurde, ist sie vielfach verwildert und bisweilen zur Konkurrenzpflanze für heimische Sträucher geworden.
Neben der robusten winterharten Wildform werden niederwüchsige Kultursorten angeboten. Sie sind wenig anfällig für Krankheiten. Im Gegensatz zur Wildform sind sie allerdings nicht überall winterhart.

Vitaminbomben in der Küche

Die Hagebutten enthalten viel Vitamin C und Provitamin A. Sie können wie die Hagebutten der Heckenrose verwendet werden. Aus ihrer Schale lassen sich aro-

HAUSWEINBEREITUNG

5 kg reife Hagebutten
1 kg Zucker
15 g 100 %ige Milchsäure
5 l Wasser
1 Flasche Reinzuchthefe, Sorte Malaga
1 g Kaliummetabisulfit
Zucker für weiteren Ansatz

Die Hagebutten werden gewaschen und grob zermahlen oder zerstampft. Den Früchtebrei füllt man in ein größeres Gefäß aus Glas oder Steingut, gibt Zucker und Milchsäure dazu, rührt um und übergießt den Ansatz mit 5 l kochendem Wasser. Man läßt den Ansatz auf 25 °C abkühlen. Dann fügt man die Hefekultur hinzu, rührt wieder um und läßt den Ansatz zugedeckt 1 Woche stehen.
Danach wird die Maische durch ein mit einem Tuch ausgelegtes Sieb gepreßt. Auf 1 l gewonnene Flüssigkeit gibt man 800 g Zucker und 1,5 l abgekochtes, auf 20 °C abgekühltes Wasser. Diesen 2. Ansatz füllt man in ein Gefäß mit Gärspund und läßt ihn bei 20–25 °C 4 Wochen weitergären.
Nach dieser Hauptgärung erfolgt der erste Abstich, d.h., der junge Wein wird abgezogen und in ein weiteres, sauberes Gefäß umgefüllt. Zur Haltbarmachung fügt man auf 10 l Wein 0,5 g Kaliummetabisulfit hinzu. Der Hagebuttenwein wird ab jetzt bei 15 °C gelagert.
Nach weiteren 2 Monaten folgt der zweite Abstich, dem man wieder 0,5 g Kaliummetabisulfit zufügt. Nach weiteren 6 Monaten ist der Wein fertig und kann in Flaschen abgefüllt werden.
Die Zutaten erhält man in Apotheken, Drogerien oder Landmostereien.

matische Wildfruchtmarmeladen und Suppen sowie Likör bereiten. Empfehlenswert ist die Herstellung von Hagebuttenwein (s. Kasten). Das Ergebnis ist ein vorzüglicher, malagaähnlicher Wein, der einen für alle Mühen entschädigt und den man seinen Gästen getrost als Aperitif anbieten kann. Die getrockneten Samenkerne ergeben einen gesunden, leckeren Heiltee, der ein altes Hausmittel gegen Blasenleiden ist. Die Schalen ausgereifter Hagebutten kann man auch roh verzehren. Da sie ziemlich weich sind, eignen sie sich nur bedingt zum Trocknen.

Hauswein steht anderen Weinen in nichts nach.

KORNELKIRSCHE – EIN FRÜHBLÜHER

Die Kornelkirsche (*Cornus mas*) blüht schon im Vorfrühling – lange noch bevor ihre ersten Blätter austreiben. Im Herbst reifen die Früchte heran, die in großen Mengen gesammelt werden können. Sie sind sehr saftig und schmecken angenehm säuerlich.
Merkmale: Der Strauch wird 2–5 m, selten auch bis zu 10 m hoch. Die gelben Blüten stehen in kopfigen Dolden. Längliche, kirschrote Steinfrüchte mit 2 großen Steinen.

Vorkommen: Selten wildwachsend, in sonnigem Gebüsch und trockenen, steinigen, lichten Wäldern. Sie bevorzugt kalkreiche Böden.
Wissenswertes: Wegen ihrer frühen Blüte und dem üppigen Fruchtbehang wird die Kornelkirsche gerne in Gärten angepflanzt und ist inzwischen überall anzutreffen. Der Strauch zeichnet sich durch hohe Schnittverträglichkeit aus und ist eine gute Bienenweide. Das harte Holz eignet sich gut für Drechslerarbeiten.

Kornelkirschfrüchte erinnern an kleine Kirschen.

KORNELKIRSCHSAFT

5 kg reife Kornelkirschen
500 g Zucker

Die Früchte nur von größeren Zweigen, nicht unbedingt von den Stielen entfernen und waschen. Früchte und Zucker in den Dampfentsafter füllen und dabei abwechselnd schichten. Den heißen Saft in Flaschen füllen. Er schmeckt angenehm säuerlich. Man sollte ihn noch mit Mineralwasser verdünnen.

Kornelkirschsaft ist ein erfrischendes Getränk.

Erfrischender Saft

Die Früchte enthalten Vitamine, Fruchtsäuren und Mineralstoffe. Mit dem Dampfentsafter gewonnener Saft ist – mit Mineralwasser verdünnt – als Durstlöscher bei fieberhaften Erkrankungen beliebt. Roher Saft eignet sich auch zur Herstellung von Gelee.

PREISELBEERE – LECKER ZU WILD

Die Beeren der Preiselbeere (*Vaccinium vitis-idaea*) sind als Marmelade oder Kompott eine köstliche Beilage zu Wild.
Preiselbeeren reifen - ab Juli - langsam und nicht alle gleichzeitig heran. Sie sollen nur vollreif, d.h. erst wenn sie glänzend rot sind, geerntet werden.
Merkmale: 10-30 cm hoher, immergrüner Zwergstrauch. Blätter eiförmig und ledrig, Oberseite dunkelgrün, Unterseite hellgrün und mit Drüsen besetzt. Die weißen, rötlich angelaufenen Blüten stehen am Ende der Zweige in kleinen Trauben. Blütezeit je nach Höhenlage von Mai bis Juli. Preiselbeeren sind Steinfrüchte.

Preiselbeeren wachsen bis in alpine Zonen.

PREISELBEER-MARMELADE

500 g Preiselbeeren
600 g Gelierzucker

Die reifen Beeren verlesen und waschen. Knapp mit Wasser bedeckt 5 min kochen und etwas abkühlen lassen.
Anschließend mit Gelierzucker mischen, unter Rühren zum Kochen bringen und 4 min sprudelnd kochen lassen. Noch heiß in Gläser füllen.

Vorkommen: In Mooren, Kiefernwäldern und Zwergstrauchheiden, auf nährstoffarmen Böden. Nicht so weit verbreitet wie die Heidelbeere, dafür aber oft in großen Beständen.
Wissenswertes: Die Blätter enthalten Arbutin und Hydrochinon. Ihre frühere Verwendung als Tee bei Blasenleiden, Gicht und Rheuma in der Volksheilkunde ist inzwischen veraltet und heute nicht mehr zu empfehlen.

Keine rohen Früchte

Preiselbeeren enthalten Vitamine, Gerbstoffe, Fruchtsäuren und Pektin. Sie haben einen süßlich-herben Geschmack und eignen sich nicht für den Frischverzehr. Aufgrund der Inhaltsstoffe ist Marmelade aus Preiselbeeren gut haltbar. Aus 250 g Beeren und 1 l Korn läßt sich auch ein Beerenschnaps ansetzen. Er gilt als probates Mittel gegen Durchfall.

Buchenkeimling – nicht größer als ein Veilchen

Wissenswertes: Das Holz der Rotbuche ist als vielseitiges Nutzholz sehr geschätzt. Die Bucheckern enthalten viel Fett. In Notzeiten, als Fett Mangelware war, sammelte man sie mühsam vom Spätherbst bis zum Wintereinbruch, um Speiseöl daraus zu gewinnen. Aus den aufgeplatzten Fruchthüllen kann man dekorative Kränze, Kleingestecke und hübschen Weihnachtsschmuck basteln.

ROTBUCHE – HÄUFIGER LAUBBAUM

Die Rotbuche (*Fagus sylvatica*) ist in fast ganz Mitteleuropa die von Natur aus vorherrschende Baumart. Sie wurde vom Menschen allerdings vielfach durch die Fichte ersetzt.
Merkmale: Die Rotbuche wird bis zu 40 m hoch und kann ein Alter von 300 Jahren erreichen. Ihre Rinde ist glatt. Die Blätter sind oval und ganzrandig. Im November springen die Fruchtbecher auf und entlassen unzählige dreikantige Samen, die Bucheckern. Sie keimen im Frühjahr aus.
Vorkommen: Die Rotbuche ist in ganz Europa verbreitet. Sie ist ein häufiger Laubbaum unserer Wälder. Einzelne Bäume wirken landschaftsprägend.

Bucheckern schmecken geröstet wie Nüsse.

Ernte von Sanddornbeeren

SANDDORN – HEIMISCH AN KÜSTEN

Sanddorn (*Hippophae rhamnoides*) weckt im Herbst und Winter mit seinen leuchtend gelb bis orangerot gefärbten Früchten unsere Aufmerksamkeit. Die Sträucher können sehr üppig fruchten. Die Früchte reifen ab September.

Merkmale: 2–6 m hoher, sparriger, dorniger Strauch. Blätter lineallanzettlich, kurzgestielt, graugrün, Unterseite silbrig-weiß befilzt. Die unscheinbaren Blüten erscheinen im April noch vor dem Laubaustrieb.

Vorkommen: Wildwachsend in Auenwäldern und Küstendünen. An Straßen oft zur Bodenfestigung gepflanzt.

Wissenswertes: Wer Sanddorn im Garten pflanzt, sollte wissen, daß der Strauch zweihäusig ist, d.h., es gibt rein männliche und rein weibliche Sträucher. Sie müssen in näherer Umgebung beisammenstehen, sonst bleibt der herbstliche Fruchtbehang aus. Vögeln dienen die Früchte den ganzen Winter als Nahrung.

SANDDORNSAFT

Vollreife Beeren abbrausen und abtropfen lassen. Die Beeren in der Saftzentrifuge entsaften oder durch ein Sieb drücken und den Saft auffangen. Das Konzentrat wird in Flaschen abgefüllt und im Kühlschrank aufbewahrt. Es ist nur begrenzt haltbar. Man verdünnt je 1 Teil Fruchtsaft mit 4 Teilen Mineralwasser. Nach Geschmack mit Honig oder Zucker süßen.

Kerne mit „nussigem" Geschmack

Bucheckern enthalten Glykoside. Deshalb sollte man sie nur in kleinen Mengen roh essen. Geröstet schmekken Bucheckern nach Nüssen und können sie – nicht nur wie früher in Notzeiten – auch heute noch ersetzen. Man röstet sie bei mäßiger Hitze und entfernt dann die braunen Schalen. Zu Weihnachtsgebäck sind sie eine originelle Zutat.

Sanddornsaft ist ein gutes Mittel gegen Erkältungen.

Sanddornfrüchte enthalten sehr viel Vitamin C.

Frischer Saft gibt Kraft

Sanddorn trägt die vitaminreichsten Früchte unserer heimischen Flora. Sie enthalten bis zu 1,2 % Vitamin C. Darüber hinaus sind die Früchte auch reich an Fruchtsäuren, Flavonoiden, Anthocyanen und Mineralstoffen. Sie schmecken säuerlich. Ihre Ernte ist etwas problematisch, da die vollreifen Früchte leicht platzen. Am besten schneidet man die kleinen Büschel vorsichtig mit der Schere ab. Man kann sie zu Saft verarbeiten. Er stärkt die Abwehrkräfte und hilft bei Erschöpfungszuständen und Appetitlosigkeit. Sanddorngelee paßt gut zu Süßwaren, Müsli und Quarkspeisen.

SANDDORNMAKRONEN

40 g Sanddornbeeren
200 g Kokosraspeln
2 Eiweiß
200 g Puderzucker

Die Eiweiße mit Puderzucker steifschlagen. Kokosraspeln untermengen. Zuletzt die rohen Sanddornbeeren mit einem Löffel vorsichtig unter den Teig heben (sie platzen leicht).
Mit 2 Teelöffeln kleine Makronen formen, auf ein gefettetes Backblech setzen und mit einer Sanddornbeere verzieren. Im vorgeheizten Backofen bei 150 °C 15–20 min backen.

Tip: Sanddornbeeren lassen sich gut einfrieren. Sie können bei Bedarf wie frische Früchte weiterverarbeitet werden.

Sanddornmakronen

SCHLEHDORN – VERWANDT MIT ROSEN

Der Schlehdorn (*Prunus spinosa*) ist oft mit Weißdorn vergesellschaftet. Die Gebüsche leiten zum Lebensraum Wald über und bieten zahlreichen Tieren Nahrung und Unterschlupf. Schlehdornblüten sammelt man zu Beginn der Blütezeit von März bis April, die Früchte dann ab September.
Merkmale: 1–3 m hoher, dorniger Strauch, der sich durch Kriechwurzeln stark ausbreitet. Die kleinen, elliptischen, am Rande gesägten Blätter erscheinen erst nach der Blüte. Zur Blütezeit gleicht der Strauch einem weißen Blütenball. Die fünfzähligen, symmetrischen Blüten kennzeichnen ihn eindeutig als Angehörigen der großen Familie der Rosengewächse und damit als Verwandten vieler unserer Obstsorten. Aus den Blüten entwickeln sich bis zum Herbst zunächst grüne, dann schwarzblau bereifte Früchte.
Vorkommen: Schlehdorn wächst als robustes Pioniergehölz an sonnigen Wegrändern, felsigen Hängen und an Waldrändern. Er bevorzugt kalkreichen, flachgründigen Boden. Im Garten braucht er viel Platz.
Wissenswertes: Der Name „Schlehe“ geht auf eine alte

Schlehdorn wächst an Weg- und Waldrändern.

Wortwurzel zurück, die „bläulich“ bedeutet und sich auf die bereiften Früchte bezieht. Er findet sich auch im Slawischen „Sliwowitz“.
Tee aus getrockneten Blüten wurde schon von Kräuterpfarrer Kneipp als mildes Abführmittel empfohlen.
Der Tee gilt auch als harntreibend und schleimlösend und soll bei Hautkrankheiten helfen.
Aus Schlehdornfrüchten hergestelltes Mus wird in der Volksheilkunde bei Appetitlosigkeit und Magenleiden verabreicht. Schlehdornsaft verwendet man bei Hals- und Mundschleimhautentzündungen als Mundwasser zum Gurgeln.

Den ersten Frost abwarten

Die Früchte sind ausgesprochen sauer. Für die Küche sollte man sie erst nach dem ersten Frost sammeln. Dann haben sie viel von ihrem herben Geschmack verloren. Zudem werden sie weicher, so daß sie sich besser verarbeiten lassen.
Die Hauptzubereitungsform der Schlehen ist der Saft. Er erinnert im Geschmack an Kirschsaft. Man kann ihn zu Gelee oder Sirup weiterverarbeiten. Auch Schlehdornmus ist äußerst schmackhaft: Dazu bedeckt man die Früchte knapp mit Wasser,

Schlehdornblüten

kocht sie weich und streicht sie durch ein Sieb. Das dunkelrote Mus schmeckt pur etwas herb; gemischt mit anderen Früchten jedoch kann man daraus Marmeladen mit apartem Wildfruchtgeschmack kochen. Auch Wein und Likör setzt man mit frischen Früchten an.
Der Samen im Steinkern enthält oft Blausäure, allerdings nur selten in giftigen Konzentrationen.

Schlehdornfrüchte

SCHLEHENLIKÖR

500 g Schlehen
0,7 l 35 %iger Alkohol
1/2 l Wasser
500 g Zucker
Bittermandelaroma

Die Schlehen verlesen, waschen und gut abtropfen lassen. In ein Glasgefäß füllen, mit Alkohol übergießen und 4 Wochen ziehen lassen. Danach den Ansatz durch ein Sieb gießen. Zucker in Wasser aufkochen, abgekühlt in den Ansatz einrühren und einige Tropfen Bittermandelaroma zugeben. Den Likör in Flaschen füllen. Nach 14 Tagen entfaltet er sein volles Aroma.

Schlehenlikör schmeckt sehr fruchtig.

WALDERDBEERE – EINE KOSTBARKEIT

Die jedermann bekannte Walderdbeere (*Fragaria vesca*) war schon bei den Römern als Beerenobst beliebt. Das feine Aroma voll ausgereifter Früchte übertrifft das der Gartenerdbeeren bei weitem.
Das Sammeln ist etwas mühsam: Selten findet man mehr als eine Handvoll Beeren. Diese Menge reicht gerade für eine Erdbeerbowle, ein Milchmixgetränk oder ein Dessert. Bereits ab Juni kann man die ersten Erdbeeren ernten. Für Tee sammelt man die jungen Blätter von Mai bis Juni.
Merkmale: 5–30 cm hohe Rosettenpflanze mit langen Ausläufern. Die meist wintergrünen Laubblätter sind dreizählig gefiedert und grob gesägt. Blüten fünfzählig, mit breiten Blütenblättern, die sich überlappen.

Die Erdbeeren sind Sammelnußfrüchte.
Der Walderdbeere zum Verwechseln ähnlich ist das Erdbeerfingerkraut (*Potentilla sterilis*). Seine Blütenblätter überlappen sich jedoch nicht. Die Früchte der Walderdbeere gleichen den faden Früchten der Knackerdbeere (*Fragaria viridis*).
Vorkommen: Verbreitet in lichten Wäldern, auf Kahlschlägen und an Waldwegen.

WALDERDBEERBOWLE

125 g Walderdbeeren
3 EL Zucker
1 Flasche Weißwein
1 Flasche Sekt

Erdbeeren verlesen, waschen und in einem Sieb abtropfen lassen. In ein Bowlengefäß geben, Zucker darüberstreuen, untermischen und 30 min ziehen lassen. Danach gekühlten Weißwein zugießen und weitere 30 min kühlstellen. Vor dem Servieren mit gekühltem Sekt auffüllen.

Walderdbeerbowle – für milde Sommerabende

Wissenswertes: Neben amerikanischen Walderdbeerarten werden auch aus der Walderdbeere andere Formen gezüchtet.
Walderdbeerblätter enthalten Gerbstoffe. Die getrockneten Blätter ergeben einen wohlschmeckenden Tee, der auch heute noch bei leichten Durchfallerkrankungen verabreicht wird. In alten Kräuterbüchern findet man auch Hinweise auf die Verwendung bei Hämorrhoiden, Milz- und Leberbeschwerden, Frauenleiden, Asthma und Wassersucht. Alle diese Anwendungen sind, vermutlich auch wegen ihrer geringen Wirksamkeit, heute weitgehend in Vergessenheit geraten.

Rarität: Walderdbeeren

WALDERDBEERSOUFFLE

200 g Walderdbeeren
2 EL Kirschwasser
4 Eier, getrennt
80 g Zucker
1 Päckchen Vanillinzucker

Die Erdbeeren verlesen, waschen und mit Kirschwasser beträufeln. Die Eier trennen. Eigelbe mit Zucker und Vanillinzucker schaumig rühren. Eiweiße steifschlagen und mit einem Löffel unter die Eigelb-Zucker-Masse heben.

Eine hitzebeständige Glasform mittlerer Größe einfetten, die Hälfte der Soufflémasse einfüllen, die Erdbeeren einstreuen und die restliche Masse darübergießen. Das Soufflé im vorgeheizten Backofen bei 150 °C etwa 30 min backen. Sofort servieren.

Tip: Wahlweise können Sie auch Himbeeren verwenden.

Kleine, aber feine Ernten

Da bei Walderdbeeren keine großen Ernten wie bei Brombeeren, Himbeeren und Schwarzem Holunder erzielt werden, kommen die kleinen Mengen nur für ganz erlesene Rezepte in Frage. Schon eine Handvoll Früchte reicht als Belag für Törtchen. Gemischt mit anderen Früchten kann man auch Tortenböden damit belegen. Erdbeeren lassen sich mit Milch auch zu erfrischenden Mixgetränken verarbeiten. Oder man passiert sie durch ein Sieb und verdünnt das Mus mit Mineralwasser. Lecker schmecken sie auch in Joghurt. Menschen, die auf Erdbeeren allergisch reagieren, müssen auf den Genuß von Wild- und Gartenfrüchten verzichten.

Walderdbeersoufflé zergeht auf der Zunge.

WEISSDORN – GUT FÜRS HERZ

In Mitteleuropa kommen zwei verschiedene Arten von Weißdorn (*Crataegus* spec.) vor: der Eingriffelige und der Zweigriffelige Weißdorn. Beide Arten sind sich sehr ähnlich.
Merkmale: Gelegentlich kann der etwa 5-7 m hohe Strauch auch Baumgröße erreichen. Besonders junge

Zweige enden in Sproßdornen. Von Mai bis Juni ist der Weißdorn mit weißen Blüten übersät. Ab September reifen die leuchtend roten Scheinfrüchte heran.
Vorkommen: Weißdorn wächst an Waldrändern, in Hecken und Gebüsch auf trockenen Böden.
Wissenswertes: Blätter, Blüten und Beeren beider Weißdornarten enthalten neben anderen Wirkstoffen auch herzwirksame Flavonoide. Sie helfen bei Altersherz, nachlassender Leistungsfähigkeit des Herzmuskels, leichten Herzrhythmusstörungen und hohem Blutdruck. Selbstbereitete Weißdornmarmelade ist also gut fürs Herz. Weißdorn kann man auch im Garten anpflanzen. Er eignet sich – zusammen mit Holunder und Heckenrose – gut für die Wildhecke. Die Sträucher sind anspruchslos, brauchen aber viel Platz. Vögeln und vielen anderen Tieren bieten sie Nahrung, Schutz und Lebensraum. Die Blüten haben einen unangenehm fischigen Geruch, der vor allem Fliegen und Käfer zum Bestäuben anlockt.

Als Zusatz für Marmelade

Weißdornfrüchte schmekken mehlig. Im Volksmund heißen sie deshalb auch „Mehlfäßchen" und „Mehlbeeren". Um Marmelade herzustellen, mischt man sie am besten ganz nach Geschmack mit anderen Wild- oder Gartenfrüchten.

Weißdornfrüchte

WEISSDORNMARMELADE

600 g Weißdornfrüchte (ergeben etwa 300 g Weißdornmus)
300 g Hagebuttenmark (Rezept s.S. 42)
600 g Gelierzucker
Saft von 1 Zitrone

Weißdornfrüchte verlesen, waschen und knapp mit Wasser bedeckt 10 min kochen. Die weichen Früchte durch ein Sieb streichen.

Das erkaltete Fruchtmus mit ungesüßtem Hagebuttenmark, Gelierzucker und Zitronensaft mischen, unter Rühren zum Kochen bringen und 4 min sprudelnd kochen lassen. Noch heiß in Gläser füllen.

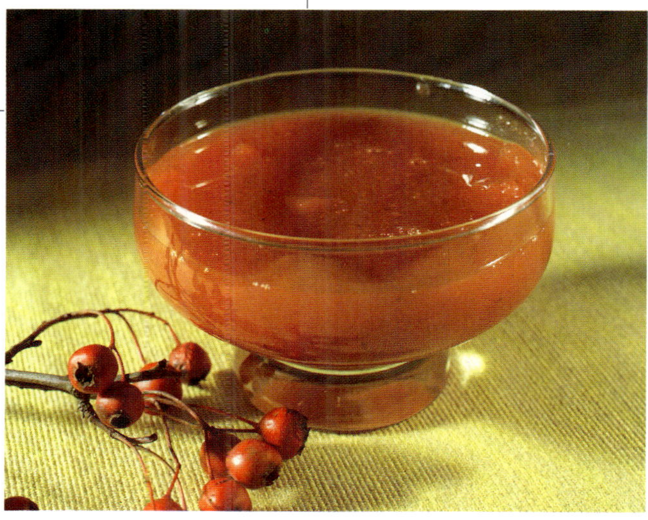

Weißdornmarmelade stärkt das Herz.

LITERATUR

Aichele, D., Schwegler, H.-W.: Welcher Baum ist das? Franckh-Kosmos, Stuttgart 1996.
Aichele, D., Schwegler, H.-W.: Wiesenblumen. Franckh-Kosmos, Stuttgart 1992.
Hecker, U.: Bäume und Sträucher. BLV, München 1991.
Hensel, W.: Das Kosmos-Kräuterbuch. Franckh-Kosmos, Stuttgart 1994.
Kremer, B. P.: Wildfrüchte. Franckh-Kosmos, Stuttgart 1992.
Laux, H. E. und H., Tode, A.: Gewürzpflanzen. Franckh-Kosmos, Stuttgart 1996.
Licht, W.: Sträucher. Franckh-Kosmos, Stuttgart 1994.
Podlech, D.: GU Kompaß Beeren. Gräfe und Unzer, München 1989.
Schönfelder, P. und I.: Der Kosmos-Heilpflanzenführer. Franckh-Kosmos, Stuttgart 1995.

BILDNACHWEIS

Alle Aufnahmen in diesem Buch stammen von Hans E. Laux. Die Gerichte wurden von seiner Frau Helga Laux selber zubereitet und liebevoll angerichtet.

Alle Angaben in diesem Buch sind sorgfältig geprüft und geben den neuesten Wissensstand bei der Veröffentlichung wieder. Da sich das Wissen aber laufend weiterentwickelt, muß jeder Anwender prüfen, ob die Angaben nicht durch neuere Erkenntnisse überholt sind. Dazu muß er z.B. Gesetze und Hinweise von Behörden beachten.

Alle Zutaten sind jeweils für 4 Personen berechnet.

Selbst gesammelte Wildkräuter und Wildfrüchte müssen vor dem Verzehr sorgfältig bestimmt werden. Im Zweifelsfall müssen sie einem Fachmann zur Bestätigung vorgelegt werden, denn eßbare Arten können z.T. leicht mit giftigen verwechselt werden.
In gefährdeten Gebieten besteht das Risiko einer Infektion mit **Tollwut** oder mit dem **Kleinen Fuchsbandwurm**. In diesen Gebieten ist vom **Rohgenuß** der Wildkräuter und -früchte abzuraten. Sie sollten vor dem Verzehr gründlich gewaschen oder besser abgekocht werden. Gekocht, gebacken und gebraten können sie unbedenklich verzehrt werden.

Das Schlehenelixier wird mit Rotwein und Korn bzw. Obstwasser angesetzt.

REGISTER

ABKÜRZUNGEN

cm – Zentimeter
EL – Eßlöffel
g – Gramm
kg – Kilogramm
l – Liter
min – Minute
Msp – Messerspitze
TL – Teelöffel
°C – Grad Celsius
Ø – Durchmesser

IMPRESSUM

Umschlaggestaltung von Atelier Reichert, Stuttgart.
Umschlagvorderseite: Holunderbeersaft (Laux), Wildkräutersalat (Laux).
Umschlagrückseite: Bärlauchpizza (Laux), Schnittlauch (Laux).
Umschlagklappe: alle Fotos von H. E. Laux.

Mit 116 Farbfotos.
Die Bilder auf Seite 1 zeigen Bärlauch, Kartoffelrose und Schlehdorn (v.l.n.r.).

Die Deutsche Bibliothek – CIP-Einheitsaufnahme

Laux, Helga:
Köstliches aus der Naturküche / Helga und Hans E. Laux. –
Stuttgart : Franckh-Kosmos, 1997
ISBN 3-440-07210-X
NE: Laux, Hans E.:

ISBN 3-440-07210-X
Lektorat: Angelika Holdau
Grundlayout: Atelier Reichert, Stuttgart
Gestaltung: Gisela Dürr, München
Satz: ad hoc! Typographie, Ostfildern
Printed in Italy/Imprimé en Italie
Druck und Buchbinder: Printer Trento S. r. l., Trento

SAMMELKALENDER FÜR WILDKRÄUTER UND WILDFRÜCHTE

Deutscher Name (*Botanischer Name*)	**Sammelgut**	**Sammelzeit**	**Seitenzahl**
Bärlauch (*Allium ursinum*)	Blätter	März–Mai	20 f.
	Zwiebeln	Mai–Okt.	
Berberitze (*Berberis vulgaris*)	Früchte	Sept.–Okt.	36
Brennessel (*Urtica dioica*)	Blätter	März–Mai	21 ff.
Brombeere (*Rubus fruticosus*)	Blätter	Mai–Juli	37 f.
	Früchte	Aug.–Okt.	
Feldsalat (*Valerianella locusta*)	Blätter	Okt.–April	23 f.
Gänseblümchen (*Bellis perennis*)	Blätter	März–Okt.	24 ff.
	Blüten	März–Okt.	
Guter Heinrich (*Chenopodium bonus-henricus*)	Blätter	Mai–Juli	26 f.
Hasel (*Corylus avellana*)	Früchte	Sept.–Okt.	39 f.
Heckenrose (*Rosa canina*)	Früchte	Sept.–Nov.	41 f.
Heidelbeere (*Vaccinium myrtillus*)	Früchte	Juni–Sept.	43 f.
Himbeere (*Rubus idaeus*)	Blätter	Mai–Juni	44 f.
	Früchte	Juli–Aug.	
Holunder, Schwarzer (*Sambucus nigra*)	Blüten	Mai–Juli	46 f.
	Früchte	Aug.–Okt.	

Deutscher Name (*Botanischer Name*)	**Sammelgut**	**Sammelzeit**	**Seitenzahl**
Kartoffelrose (*Rosa rugosa*)	Früchte	Aug.–Okt.	48 f.
Kornelkirsche (*Cornus mas*)	Früchte	Sept.–Okt.	50
Löwenzahn (*Taraxacum officinale*)	Blätter Blüten	März–Juni April–Juni	27 ff.
Preiselbeere (*Vaccinium vitis-idaea*)	Früchte	Juli–Okt.	51
Rotbuche (*Fagus sylvatica*)	Früchte	Okt.–Nov.	52 f.
Sanddorn (*Hippophae rhamnoides*)	Früchte	Sept.–Dez.	53 f.
Schlehdorn (*Prunus spinosa*)	Blüten Früchte	März–April Sept.–Nov.	54 ff.
Schnittlauch (*Allium schoenoprasum*)	Blätter	März–Okt.	29 f.
Spitzwegerich (*Plantago lanceolata*)	Blätter	Mai–Sept.	30 f.
Walderdbeere (*Fragaria vesca*)	Blätter Früchte	Mai–Juni Juni–Aug.	56 ff.
Waldmeister (*Galium odoratum*)	Kraut	Mai–Juni	32
Weißdorn (*Crataegus* spec.)	Blüten Früchte	Mai–Juni Sept.–Dez.	58 f.
Wilde Möhre (*Daucus carota*)	Wurzel	Juli–Okt.	33